创新型企业家

创新型企业家孵化工程

严兆海◎著

中国·广州

图书在版编目（CIP）数据

创新型企业家：创新型企业家孵化工程 / 严兆海著 . —广州：广东旅游出版社，2019.9
　ISBN 978-7-5570-1905-1

　Ⅰ. ①创… Ⅱ. ①严… Ⅲ. ①企业创新—研究 Ⅳ. ①F273.1

中国版本图书馆CIP数据核字（2019）第128014号

出　版　人：刘志松
责任编辑：官　顺　于子涵

创新型企业家：创新型企业家孵化工程
CHUANG XIN XING QI YE JIA: CHUANG XIN XING QI YE JIA FU HUA GONG CHENG

广东旅游出版社出版发行
地　址：广州市越秀区环市东路338号银政大厦西楼12层
邮编：510060
电话：020-87348243
印刷：北京凯德印刷有限责任公司
（地址：北京市朝阳区王四营乡道口村33号）
开本：787毫米×1092毫米　1/16
字数：184千字
印张：14.75
版次：2019年9月第1版
印次：2019年9月第1次印刷
定价：68.00元

【版权所有 侵权必究】

本书如有错页倒装等质量问题，请直接与印刷厂联系换书

目录/CONTENTS

自序 /V
前言 /IX

第一章
站在时代的风口上，企业才有未来

雅虎、当当为什么衰退 /003
企业家的成长须与时代同步 /008
中国企业家的进化史 /011

第二章
释放创新活力从突破瓶颈开始

跳出思维模式的局限 /023
摆脱行为习惯的束缚 /027

补足能力素质的短板 /031
调整工作节奏的变化 /036
冲破时代背景的制约 /039
克服企业配套的限制 /043
在逆境中重生 /045

重塑你的思维方式

颠覆式创新的力量 /057
偏执狂更接近成功 /063
极致性思维造就创新型企业家 /067
改变思维方式,创新无处不在 /072

让创新成为企业的文化基因

企业竞争的最高境界是文化的竞争 /077
创新型文化造就创新型企业 /081
有创新,企业才有未来 /085

第五章

激活企业家精神，点燃创新引擎

企业家有使命感，企业才能走得更远 /091
勇于承担责任 /097
始终保持担当精神 /102
大格局成就大事业 /105
胸怀宽广，懂得舍得 /110
拥有超越常人的眼光 /114
境界决定成就 /118
心怀信仰，追求卓越 /122
有胆识才能勇往直前 /124

第六章

把握思想内核，激发创新源泉

伟大的企业源于伟大的梦想 /131
坚守内心的信念 /135
善于把握时代机遇 /139
创新是企业发展的核心动力 /142
唯有专注才能做到极致 /146
坚持到底，永不放弃 /153
敢于拼搏 /157

才干是立足之本　/162
用价值观引领未来　/167
成为极富领导力的团队领袖　/171

"互联网+"时代传统企业的创新与破局

互联网打破了传统企业的边界　/179
"互联网+"重构商业文明　/182
核心商业逻辑的六大转变　/186
传统企业的 26 个改变　/189

企业家的自我升级永无止境

初级阶段：商人　/205
中级阶段：企业家　/207
高级阶段：企业家导师　/211

后　记　创新型企业家的领袖之道　/215

自序

未来企业家应具备的核心竞争力是什么？企业家又要具备什么样的超级特质？企业家成长进化的终极方向是什么？答案是——创新，即创新型企业家代表未来！

科技的发明，企业的竞争，经济的强大，国家的复兴等，主导这个社会成败的一切要素都是核心竞争力，而决定其核心竞争力高低的根本的就是创新。决定科技进步的是科学家的创新能力，决定企业成败是企业家的创新能力！

史蒂夫·乔布斯带领苹果站在科技领域的最前沿的核心秘诀，是他的思维能力和创新能力一直都处在时代前沿。在他的领导下，苹果公司开发出的高科技产品款款都是划时代的经典，都透着史蒂夫·乔布斯的创新精神，这正是苹果公司的核心竞争力所在。在灵魂人物史蒂夫·乔布斯离世之后，苹果的创新能力饱受质疑，未来可能被三星、华为等竞争对手超越的声音不绝于耳。

所以，苹果的成功，与史蒂夫·乔布斯这样一位创新型的企业家有很大关系。

创新在任何领域都是一种至高无上能力！但是，很多人不知道如何具备这种能力，也没有学习、修炼的途径。这种课程，在大学里也是一片空白。

翻开中国过去的历史，2000多年来是一个强大、封闭的封建国家。而此起彼伏的王朝兴衰背后，支撑这种封建国度的是保守的文化及思维。

支付宝为什么不是银行发明的？滴滴为什么不是交通部想出来的？微信为什么移动、联通发明不出来？为什么BAT（百度、阿里巴巴、腾讯的首字母）都是外国人投资？是什么造就了近代的国耻……根源也就在于此。中国人的思维模式和行为模式都困在里面走不出来——创新从何谈起？

世界上有两种企业家：一种是传统企业家，一种是创新型企业家。一种受传统文化禁锢，一种受新商业思维驱使。显然，创新型企业家代表未来！所以，对企业家群体而言，当务之急是改变自我，抛弃过去式思维，向创新型企业家升级转变。这是一个属于创新型企业家的时代，本书将系统升级蜕变你的创新能力，带你走进创新世界！

中国表面缺少的，是像华为、阿里巴巴这样具有国际竞争力的明星企业；背后缺少的是大量像任正非、马云那样具有创新特质和国际视野的创新型企业家；而本质呢？缺少的是能够培育孵化未来企业家的新时代的教育家；背后缺少的是变革中国传统文化和重塑国人精神的思想巨人。

中国的强大需要无数个领域的华为和阿里巴巴！然而，光有任正非和马云是不够的！如何复制千千万万的任正非和马云？

一切的创新来源于人才的创新！而这些，没有思想文化土壤的创新，一切免谈。

所以，只有告别过去，变革中国传统文化中的保守方面，才能重塑中国人的思想内核；只有改变国人崇尚以金钱和权力为准的价值判断标准，才能重塑中国的新商业文明；中国的创新才能不断涌现，中国才能走上自主创新之路，中国才能迈进科技创新强国——真正实现我们的强国梦。

百年大计，教育为本！造物之前先造人。经济的振兴，企业的强大，国家的富强，民族的复兴……源于人才的复兴，人才的复兴源于知识、文化、思想和智慧的升级——这一切源于教育。

士不可以不弘毅，任重而道远！

企业家导师：严兆海
2019年于深圳

前言

世界上有两种企业家，一种是传统企业家，一种是创新型企业家。这两者之间的本质区别，就在于思维方式的不同。

传统企业家遵循的是过去式思维和保守思维。中国经历了上千年的封建王朝的更替，留下了强大的保守文化，而这些保守文化严重阻碍着中国企业的发展，使得各行各业的创新都严重滞后，导致很多企业竞争不过欧美和日韩的企业，甚至被市场淘汰。这种思维方式，我们称之为保守思维或过去式思维。

拥有过去式思维的传统企业家在看待企业的时候，看的是这个企业过去做的是什么、未来能拥有什么，就像银行贷款一样，看你的企业有多少钱、多少资产、多少工人、多少设备，如果你的抵押物足够，我就给你贷款。如果用这种思维来看待现在的互联网企业，那像阿里巴巴、腾讯这样的企业，都是"不合格"的。在传统企业家看来，这些企业都是"皮包公司"，既没有土地，也没有厂房，他们看不到这些企业未来的价值。这就是传统企业家的思维局限，深受这种思维影响的企业家很难创新。

而创新型企业家的思维是未来思维，是创新思维。这些企业家比谁都清楚，创新就意味着不能照搬旧经验，而是要用智慧和心血创造新的传奇。他们看一家企业，看的不是它过去有没有赚钱，而是它未来会不会值钱。为了使自己的企业在未来更值钱，他们不断进行颠覆式创新，打造一个个"极品"和"爆款"。

正是因为这些企业家的创新精神，中国才打造出一大批拥有自主知识产权的核心技术和知名品牌、具有良好的创新管理和企业文化、整体技术水平在同行业中居于先进地位、在市场竞争中具有优势和持续发展能力的创新企业。

所以，对企业家来说，当务之急是改变思维方式，抛弃过去式思维，向创新型思维升级！当创新型思维大量孵化而出，必将是中国创新型企业家不断涌现之时。

打破思维的桎梏，破除文化的阻力，中国企业家势必将进入另外一种生活状态，呈现出一种未来导向型的生活方式。所以，现在我们可以清晰地看到，时代在变，消费者的生活方式在变，企业的经营和管理方式也在变。如今，我们发现，已经没有了公司，只有平台；已经没有了员工，没有了雇员，只有合伙人。这个时代，每一天都在变。每一天的变化，每一天的创新，都让我们不断地去接受新事物，不断打破老观念，不断重建新思维。

这是一个新时代的开始，是一个属于创新型企业家的时代，现在，我们要做的，就是启动创新的力量！

第一章

站在时代的风口上，企业才有未来

第二章

释放创新活力从突破瓶颈开始

雅虎、当当为什么衰退

企业是企业家的孩子。什么样的企业家，做什么样的企业——传统的企业家做传统的企业，创新型的企业家做创新型的企业。

一家企业的成败，从表面上看是市场洗牌的结果、是企业兴替的必然规律，但隐藏在其背后的，则是企业家的思维、观念的差异。

企业的成长离不开企业家的成长，企业家的成长会直接影响到企业的发展。如果一个企业家跟不上企业的发展步伐，将会造成什么样的结果呢？现实很残酷——就是企业会被市场无情淘汰！

我们都知道，雅虎曾经是互联网领域响当当的巨头。1994年，马云刚刚知道什么叫互联网，马化腾还在构思QQ的雏形，而在美国，有一位叫杨致远的华人计算机专家就已经创办了世界上第一家提供互联网导航服务的网站，这就是日后大名鼎鼎的雅虎。1996年，这家公司正式更名为Yahoo!（标志性的感叹号），并于同年顺利上市。到了2000年，雅虎已经成为第一个市值超过千亿美元的互联网公司，其市值一度达到了1250亿美元，比当时通用汽车、亨氏食品和波音公司这三个传统行业巨头的市值加起来还要多。雅虎旗下的产品和服务也在不断扩充，搜索、电子邮箱、社区、即时通信、地图、在线视频点播、游戏、问答、播客、拍卖等，应有尽有，这些业务遍及世界各地，员工数量迅速过万。雅虎还开创了内容免费、广告收费的门户商业模式，国内知名的门户网站新浪、搜狐、网易等都是它的模仿者。

然而，虽然雅虎抓住了互联网的先机，却未能把握住时代的潮流，以至于从一路领先到渐渐落后。1997年，雅虎曾经有机会以100万美元收购当时处在创业阶段、还叫BackRub的谷歌，但杨致远拒绝了谷歌的创始人拉里·佩奇的推销。到2002年，拉里·佩奇又找到雅虎，希望以10亿美元出售谷歌，雅虎当时的CEO泰瑞·塞梅尔却犹豫不决，当他终于下定决心收购谷歌时，谷歌却把售价提高到了30亿美元，这场交易最终以失败告终。如今的谷歌已经成为全球最大的搜索引擎公司，市值更是令雅虎望尘莫及。

同样的一幕，在2006年再度上演。这一年，雅虎有机会以10亿美元收购Facebook，Facebook的投资者和大部分高管都已经愿意出售，然而，就在这时，雅虎却将报价下调到8.5亿美元，以创始人马克·扎克伯格为首的Facebook董事会认为遭到了羞辱，最终，扎克伯克在董事会上当众撕烂雅虎的收购协议，雅虎再次因为价格原因收购失败。后来，Facebook成为互联网世界最火爆的产品。雅虎眼睁睁地看着Facebook依靠社交媒体发家，并最终超越自己。

连续错过了谷歌和Facebook，雅虎的衰退几乎成了必然。如今，雅虎已经把核心的数字资产出售，并更名为Altbaba，从互联网巨头变成了一家投资公司。而它曾经俯视的谷歌、Facebook，纷纷成为互联网领域的巨无霸企业，对它来说是如此高不可攀。

雅虎的衰退是时代的必然，无独有偶，在中国早期的老牌电商中，也有一家卖书的互联网企业，同样经历了盛极而衰的发展历程，那就是当当网。

当当网曾经风光无限。1999年创立的当当网，以低价格、标准化的商品——图书为切入点，布局图书电商市场，在市场上快速扎根、成长，成为中国图书电商巨头。2009年，当当网成为中国最大的图书电商平台，年图书销售额超过100亿元，在中国线上图书销售市场上的份额占比超过五成。

通过网上书店取得一定成就后，当当网开始加大对其他业务的布局力度，由单一型网上书店逐渐加入各类百货，由垂直性电商逐渐向综合性电商平台转变。当当网还在中国11座城市建设21个仓库，占地面积超37万平方米。在货物配送方面，则根据区域差距来安排配送服务。此外，当当网还获得了来自科文公司、美国IDG集团、亚洲创业投资基金等多家知名投资机构的投资，为当当网提供了多条输血渠道。

2010年是当当网最为辉煌的时候，其在美国纽交所顺利上市，成为中国第一家在美国"敲钟"的B2C（商对客）电商，那时的当当网真可谓"春风得意"，一度被公认为"中国的亚马逊"，其市场份额就连如今的电商巨头"京东"也比不上。

然而，好景不长，以图书电商起家的当当网，逐渐走向了没落。2014年之后，图书电商市场开始发生变化，由原来的当当网一家独大，到京东、当当、亚马逊的三分天下。网上书店已经不再是当当网对敌的神兵利器。

时代的潮流滚滚向前，每时每刻都在发生变化，如果只是遵循一种生存法则，那么最终将难逃被淘汰的命运。当当网就是一个活生生的案例。表面看来，当当网在市场上的战略布局能带来大量用户和利润。但往深处观察会发现，当当网只重视中短期所带来的利益，没有看到市场长期的巨大利益以及企业后期发展。而当当网这种"小富即安"状态，便是导致企业逐渐落后于电商市场发展并逐渐衰退的直接原因。

一方面，通过图书打开电商市场之后，当当网并不是就此坐守一城，上市之后还开通家电、3C（即计算机、通信和消费电子类产品三者结合，亦称"信息家电"）等其他业务。但在初期因为布局不当，给企业带来上亿元的亏损。亏损之后，当当网不愿在这些业务上继续消耗下去，一是拒绝"烧钱"策略；二来企业除了网上书店业务营收入还算不错之外，其他业务发展平平，重网上书店，轻其他业务，导致当当网在发展上仍旧局限在图书电商领域，难以向其他领域扩张。

另一方面，随着网上书店市场逐渐明朗化，市场上涌现出了很多图书电商。在当当网之后，陆续出现互动出版网、99读书人等自营图书电商。除了这些垂直性图书电商不断增多之外，像是阿里巴巴、京东等大型综合性电商也先后开通了网上书店业务，网上书店领域竞争日益激烈。而当当网在这些强劲对手的夹攻下，逐渐呈现出难以招架之势。

除此之外，2013年，亚马逊推出的Kindle成为数字阅读典型代表，进入中国市场后受到了很多读者的欢迎，这也给当当网带来一定程度的打击。虽说后来当当网也迈出走阅读器领域那条路，但有亚马逊在前，当当网很难在这一领域分一杯羹。

再者，随着智能手机的普及，移动阅读市场规模逐渐扩大。而在亚马逊Kindle、掌阅APP等数字阅读竞争对手纷纷紧锣密鼓地对移动阅读市场布局时，当当网却因一念之差错失进入市场的良机。

于是，当当网开始走向衰落，甚至陷入了长期亏损的状态。2016年9月，当当网从纽交所退市，变成一家私人控股企业，退市前一个交易日收盘时股价为6.63美元，市值仅为5.36亿美元——不足其上市首日市值的四分之一。到2017年底，当当网在国内的市场份额更是降至冰点，已经不足0.4%，可以说是国内电商领域跌落速度最快的一家企业。2018年4月，天海投资宣布以75亿元收购当当网，曾经的电商巨头，就此惨淡收场！

雅虎和当当网的惨痛经历告诉我们：如果一个企业的成长跟不上时代的发展速度，企业家不能预见未来趋势，在时代发展过程中，势必无法给企业注入强劲的发展动力，企业必然走向衰落，被竞争对手超越，甚至被市场淘汰。

所以，我们看到凡客、慧聪、盛大、新浪、搜狐等在五年前、十年前曾经辉煌一时的企业，今天在中国整个互联网生态圈中都逐渐走向了边缘位置。这一方面是企业成长周期的结束导致的，另一方面，我们也可以理解为是企业家的成长已不能够引领企业的成长，不能给企业带来光明的未来。

从根本上来说，是这些企业家落伍了，他们被时代的潮流淹没了。为什么？因为他们不能与时俱进、不能为企业布局未来，不能站在顶层为企业设计更长远的规划。

从按键手机到触屏手机，从现金支付到移动支付，从互联网到移动互联网，如今我们的生活，无一不透露着时代的快速发展。没有一个企业强大到不可能被挑战，也没有一个企业弱小到无法去竞争。如果企业家跟不上时代发展的步伐，那他的企业就注定难逃失败的命运。

创新型企业家

企业家的成长须与时代同步

时代的步伐是如此的迅速，任何企业如果不能和时代的步伐同频共振，那就将面临被淘汰的命运。无论你曾经多么辉煌，在铁的法则面前，谁也不能幸免。

"人事有代谢，往来成古今"，兴衰之道是自然界永恒不变的规律。企业的发展与变迁也遵循这一规律，尤其是在互联网浪潮汹涌的今天，信息技术革命的发展日新月异，也许今天你还可以说自己做得非常成功，但明天就可能落后于时代了。潮起潮落，可能上一刻我们还站在时代的风口浪尖，下一刻就被抛到了深渊谷底。

雅虎、当当网就是这样的例子，放眼世界范围内的企业兴衰史，企业的成败都逃不过这个规律。以通信行业为例，曾几何时，摩托罗拉独领风骚，它抓住了模拟时代的快车，趁势而上，成为手机行业当之无愧的领头羊。但是转眼之间，在市场这一双大手的推动之下，诺基亚后来居上，在数码时代的浪潮之中，成了人们眼中的新宠。然而，这种局面也没有维持多久，如今的诺基亚早已被苹果、三星、小米等企业所超越，我们对诺基亚的印象只能留存在记忆之中了。

为什么会出现这种"各领风骚数百年"的局面？仔细分析其中的原因，不难发现，这一切都是因为时代剧变所致。时代的步伐是如此迅速，任何企业如果不能和时代的步伐同频共振，那就将面临被淘汰的命运。无论你曾经多么辉煌，在铁的法则面前，谁也不能幸免。

一个卓越的企业家，一定是时代的弄潮儿，他能站在经济发展最前沿，通过经营管理，带领团队高效地为社会经济发展作贡献，不断创新、开拓，站在时代舞台的中心。正如企业家张瑞敏所说，没有成功的企业，只有时代的企业，所谓成功只不过是踏准了时代的节拍。

要变成"时代的企业"，至少要具备三个条件：前提条件是观念革新，必要条件是创新体系，充分条件是制度创新。所以说，时代的企业都是创新型的企业，坚定创新、不懈创新、彻底创新，是它们的鲜明品格。它们的创新，是坚定不移的选择，是坚持不懈的行动，更是颠覆自我的革命。对时代的企业而言，创新不是可有可无的选项，而是唯一的生存之道、发展之道、成长之道。它们的创新，一直在路上，只有节点，没有终点；只有成果，没有成功。

它们的创新，不仅仅是技术上的进步，更包括思想观念、体制机制、管理方式、商业模式、经营业态等全方位的创新。更为重要的是，在每一个重大的时代节点上，如每一次科技革命和产业变革的关键时刻，企业都要面临凤凰涅槃式的考验，都需要企业以自我革命般的颠覆式创新来应对新挑战，抓住新机遇，实现自我发展的升华。所有百年企业都是经过多次壮士断腕、涅槃重生的结果。否则，就可能成为落后于时代的企业，一步步走向衰败。

把握时代的发展趋势，在变中求胜，是企业发展永恒的主题。优秀的企业和企业家，都是不自满、不僵化的，因时而变、因势而变，敢于求变、善于应变，在思想观念、发展战略和管理模式等方面可以做到随着时代的发展变化而不断变革，推动企业成为时代的企业，而不是被时代所抛弃。

变革，首先是思想观念的变革。如同史蒂夫·乔布斯所说，我们活着就是为了改变世界，而改变世界首先要改变自己。张瑞敏为海尔制定的原则，就是永远以用户为"是"，不但要满足用户需求，还要创造用户需求；永远以自己为"非"，只有自以为非，才能不断否定自我、挑战自我、重塑自我——实现以变制变，在变中求胜。这两者形成海尔可持续发展的内在基因特征：不因世界的改变而改变，顺应时代的发展而发展。这是海尔可持续发展的内在基因，也是所有时代企业的内在基因。

回顾海尔的发展历程，从1984年成立到现在，海尔经历了五个发展阶段——名牌战略、多元化战略、国际化战略、全球化品牌战略和在2012年进入的网络化战略阶段。30多年来，海尔致力于成为"时代的企业"，每个阶段的战略主题都是随着时代变化而不断变化的，这种战略主题的变化始终引领着企业的发展，使企业始终与时代同频共振，踏准时代的节拍，让企业持续健康发展。

在海尔30多年的发展历程中，管理创新始终贯穿其中，始终坚持"人的价值第一"，使员工在为用户创造价值的同时实现自身的价值。从"日事日毕、日清日高"的OEC管理法，到互联网时代提出"人单合一"模式，颠覆传统科层制，实现企业平台化、员工创客化、用户个性化，将企业家精神从约瑟夫·熊彼得的创造性破坏精神转向了彼得·德鲁克"人人都是CEO"的精神，激发了每个人的创新活力，破解了互联网时代的管理难题。

正如古希腊哲学家赫拉克利特的名言一样："人不能两次踏入同一条河流。"从哲学角度看，自然界的运转瞬息万变，大河川流不息奔腾向前，不会有完全相同的自然条件出现。同样，对于在互联网市场经济模式下生存的企业也是如此，时代的变迁是如此剧烈，我们所能做的，就是始终紧跟时代步伐，做"时代的企业"，这是维持企业长盛不衰的唯一秘诀。如果一个企业家能够始终引领企业的发展与时代同频共振，这个企业就能迅速脱颖而出，在市场上立于不败之地。

中国企业家的进化史

在不同的时代，有不同的企业家涌现出来。在不同的时期，有不同的企业独领风骚。中国的改革开放经历了40年的光辉历程，在这40年里，中国的企业、中国的企业家经历了数个时代的变迁，在每个时代都呈现出不同的特性和独特的主题，这反映了中国经济的发展，也反映了时代变革的力量。

概括来说，40年商业巨变，中国诞生了四代特点鲜明的企业家，即大胆型企业家、实干型企业家、领袖型企业家和创新型企业家。

第一代企业家：大胆型企业家

中国第一代企业家出现于1985年到1995年之间。这一代企业家，是中国土生土长、原汁原味的企业家，是靠胆识、魄力成长起来的企业家。

1978年12月18日召开的中国共产党第十一届三中全会，开启了中国改革开放的步伐，这是一个具有深远意义的伟大转折点。1979年，党中央决定在深圳、珠海、汕头和厦门试办经济特区，而后又出台了一系列配套举措来推动经济特区的创立和发展。这些重大举措，激发了经济的活力和创业的激情，在中国大地掀起了改革开放后的第一次创业浪潮。伴随改革开放的春风，加上一些人敏锐的市场眼光和嗅觉，中国第一代企业家应运而生。

这一代企业家我们称之为大胆型的企业家。他们大多没有学习过专业的理论，没有接受过企业管理的培训，没有全球化的视野，甚至不少人没有受过系统的教育，是中国土生土长、原汁原味的企业家，是靠胆识、魄力成长起来的企业家。在这一代企业家中，有很多的杰出代表，比如万向的鲁冠球、中关村的段永基、联想的柳传志、万科的冯仑、中国平安的马明哲、华为的任正非、中兴通讯的侯为贵、招商银行的马蔚华、创维集团的黄宏生、TCL的李东生等。

这一代企业家呈现出来的最大特点，就是胆子大、敢于冒险。当时的中国正处于短缺经济阶段，改革初期都是摸着石头过河，被称为"蛇口之父"的袁庚提出"时间就是金钱，效率就是生命"的口号，并在招商局蛇口工业园区竖立标语。在那个创业的黄金时代，只要有市场眼光，有胆略，勤奋实干，敢于管理创新，有开拓精神，就能抓住了改革开放初期中国市场的时机红利，干出一番事业。各种不确定性是最大的挑战，也是最大的机会。每个行业、各个领域，到处是机会，产品供不应求，正因为如此，这一代企业家经过强势扩张，纷纷建立起自己的商业帝国，并且催生了多家世界500强企业，比如中国平安、华为、招商银行、万科等。

这一代企业家，很多都已经成为当今中国经济的领袖人物，风光无限。但还有一些，快速地衰落与凋零，被时代遗忘，比如南德的牟其中、托普的宋如华、秦池的姬长孔等。他们都曾凭借对时代机遇的把握、独到的商业眼光、过人的胆识与魄力快速崛起，却又因为不具备经营企业的核心内功以及专业化的素养而如流星一般陨落。

这其中最为典型的一个案例就是牟其中。在20世纪90年代，牟其中堪称中国首富。他做出了很多惊人之举：用大量轻工业品换来苏联的图–154民航客机；扬言要炸开喜马拉雅山，把印度洋的暖湿气流引进我国西部地区，让西藏变成万顷良田；搞人造卫星……但因为资金链出现断裂，踩了法律的红线，开始诈骗，从中国首富变成了中国首骗。2000年，牟其中因为信用证诈骗案被判无期徒刑，南德集团自此也在中国商业版图上销声匿迹。

当然，也有人像他一样经历了"滑铁卢"，却依然能东山再起，比如褚时健出狱之后，以80岁高龄投身新的创业历程，最终种出了让中国人骄傲的褚橙。

所以说，这些传统企业的衰落与消亡，这些企业家所遇到的成长问题，都是时代所带来的问题。如果站在时代的高度上来解读企业家成败的原因，我们就可以清楚地看到，中国早期企业的成功，不是企业家的成功，而是企业家的冒险精神的成功。只要敢干，站在时代的风口上，就能快速取得成功。但由于第一代企业家不具备经营管理企业的能力、不具备战略能力、不具备把握市场需求的能力、不具备品牌策划与营销的能力，所以他们的企业像清晨的太阳一样快速升起，又像流星一样迅速陨落。

第二代企业家：实干型企业家

第二代企业家诞生于1995年到2005年之间，这一代企业家经历的是产业经济时代。

一个时代有一个时代的浪潮和独有命题：1988年的大通胀让人印象深刻，人民币贬值，抢购风潮席卷全国，从柴米油盐到冰箱彩电，凡是能保值的，人们都抢购；为了突破西方国家对中国的封锁，1990年上交所、深交所成立，中国的资本市场由此开启。而影响最深远的是1992年，这一年邓小平同志第二次视察南方，中国共产党第十四次全国代表大会确定我国经济体制改革的目标是建立社会主义市场经济体制，提出了建设有中国特色社会主义理论。还有1997年的亚洲金融风暴，席卷泰国、马来西亚、新加坡、日本、韩国、中国台湾、中国香港等地，打破了亚洲经济急速发展的繁荣景象，亚洲一些经济大国的经济开始萧条。1999年3月的九届全国人大二次会议，明确非公有制经济是我国社会主义市场经济的重要组成部分，大大促进了社会生产力的发展。2001年，中国正式成为世贸组织成员，中国市场真正融入全球经济。

这一时期，中国的企业家经过第一代的淘汰和蜕变，留下了一批具备经营管理能力和实干精神的企业家，引领着中国的各行各业，借着加入WTO的东风，与世界接轨，带领中国企业走向新的征程和辉煌。

第二代企业家所具备的核心能力，不只是胆子大、眼光好，更是有实干精神，能脚踏实地、扎扎实实地把一个企业、一件事情从小做大、从弱做强、从精做专，甚至能够做到1厘米宽、1000公里深的聚焦与极致。正因为如此，我们将其称为实干型企业家。海尔的张瑞敏、复星的郭广昌、苏宁的张近东、比亚迪的王传福等都属于第二代企业家。这些企业家在各行各业都做出了自己的成就，在传统企业的时代，靠着自己的聪明才智和实干精神，创造了企业的辉煌，成就了商界的佳话。直到今天，这些企业家依然活跃在中国各大行业的舞台上。

王健林是第二代企业家的典型代表，他曾经将"挣一个亿"作为人生的小目标。他最大的特点就是"雷厉风行"，十多年的军旅生涯，让他治下的万达集团做到了令行禁止、讲究效率。如果不出差，他每天早上7点20分就到公司，一年只有过年休息5天。他要求下属在汇报的时候必须做到言简意赅，一旦决策下达，就要坚决执行。正是因为有着超强的执行力，万达曾经创下了每周开业一家万达广场的世界纪录，并迅速成长为全球最大的商业地产公司；同样是因为超强的执行力，万达又在短短几年内完成了从房地产到文化产业的转型。

第三代企业家：领袖型企业家

2005 年到 2015 年，中国的企业经历了互联网的冲击和时代蜕变，在这一时期，中国企业家经历的是网络经济时代。这一时代的企业家是中国第三代企业家。第三代领袖型企业家，已经站在时代的高度上，驾驭着新的商业系统与另外一个商业系统和商业生态竞争。

这十年里，随着信息技术的发展、民营经济焕发活力、房地产列入支柱产业，随着城镇化与工业化，中国经济像坐火箭一般迅速发展，超越澳大利亚、超越英国、超越法国、超越德国，在 2010 年超越日本，成为世界第二大经济体，这种迅速地崛起在世界经济史上也是屈指可数的。这十年，也是非常辉煌、非常激动人心的黄金十年。阿里巴巴、腾讯、百度、搜狐等行业"独角兽"在这十年间风生水起，奠定了互联网时代的江湖地位，并对大众生活影响深远。

第三代企业家表现出来的典型特点是具有很强的人格魅力、有出众的领导能力，他们具备超常的眼光、胸怀、胆识、魄力、责任担当以及分享精神和大爱情怀，尤其具备超乎常人的思维能力和创新能力，我们将其称之为领袖型企业家。第三代成功的企业家有很多，比如大家熟知的马云、马化腾、雷军、张朝阳等，不胜枚举。

其中，最典型的代表就是马云。十几年前，阿里巴巴还只是一个默默无闻的小公司，马云却能带领它成为当今世界数一数二的商业集团。马云本人也从一个不起眼的英语讲师，成了今天中国乃至全世界最优秀、最卓越的华人领袖型企业家的杰出代表。

马云没有上过一天商学院，没有在世界 500 强公司工作的经历，却凭借着自己的实干和拼搏精神，凭借着智慧和创新能力，踏着互联网浪潮,打造出中国数一数二的互联网企业,并引领其走向世界,为中国企业树立了一座丰碑。

从马云身上,我们可以看到这一代企业家强在哪里?强在与互联网的结合,强在思维模式与商业模式的创新,强在产业与金融资本的深度融合。正是因为这些优势,他们才能创造巨大的财富。所以,走到今天,我们可以清晰地看到,腾讯和阿里巴巴的估值都已经超过了2500亿美元,除此之外,中国还有数十家的千亿美元的独角兽公司,如小米、百度等,他们都是这一代企业家孵化出的成果。

他们只用了十年、五年甚至更短的时间,就创造了上千亿美元的公司,超越了第二代企业家奋斗30年所取得的成就。而这代企业家所运用的并不完全是知识和技能,而是领袖的情怀,是善于借力。就像马云,他借用阿里巴巴的"十八罗汉"成员来为他完成企业管理的各个方面职能,而他本人通过把企业的股权分享出去,把企业的格局放大,通过整合社会的资源来驾驭企业。他所充当的角色,就像是阿里巴巴的"大脑",他所负责的都是企业战略、商业模式、发展方向等方面,这些都是企业在经营发展过程中最为重要的部分,而企业的日常经营,无论是技术、管理,还是营销、品牌等,都是由他人来分工完成。

所以我们称这一代企业家为智慧型的领袖型企业家,因为他可以靠自己的思想、境界、格局、胸怀、眼光等来为企业和团队带来源源不断的发展动力,从而引领企业的未来,引领行业的未来。

从2005年到2015年,这十年间,中国企业的发展已经发生了巨大的变化,互联网已经实现了跨界融合,不同类型的商业平台、商业体系甚至商业生态已经形成,已经由过去的靠卖产品的公司、靠品牌的公司、靠单个行业的公司发展,成为巨大的商业基础平台和商业基础设施,逐渐升级为新的商业系统。企业与企业之间的竞争,也被推上了一个新高度，进入了一个全方位的立体竞争层面。

这十年，是中国领袖型企业家飞速成长并飞黄腾达的十年，也是中国互联网经济快速发展、兼并并购、跨界重组、颠覆创新的十年。这十年，中国企业经历了天翻地覆的变化，给中国的传统企业带来了巨大的危机，却也使领袖型企业家走上了一个时代的巅峰，使他们站在时代的风口之上，引领中国走向世界。

第四代企业家：创新型企业家

当历史的车轮进入21世纪第二个十年后，中国的企业家又将走向何方？

从2015年开始，我们看到一批新的企业家正在崛起，我们将其称之为第四代企业家。未来的10年、20年乃至30年，都是这一批企业家的舞台，这一批企业家都是创新型企业家。

什么是创新型企业家？举例来说，一手缔造苹果帝国的史蒂夫·乔布斯、打造Facebook的马克·扎克伯格、特斯拉和Space X的创始人埃隆·马斯克，都是创新型企业家。他们的身上都展现出了一种共同的特性，那就是创新与颠覆，而且不受行业经验、思维模式的限制。

现在中国能被称为创新型企业家的，马化腾就是其中的典型代表，腾讯的微信就是一个非常经典的颠覆式创新产品。

我们为什么将这一代企业家统称为创新型企业家？因为在互联网时代，所有的东西都是负债，只有一项能力是企业的核心竞争力，就是颠覆和创新。而颠覆和创新是靠什么领导呢？是靠创新型企业家的创新型思维、创新型能力来引导的。所以，在后经济时代，所有的企业，该整合的整合完了，该兼并的兼并完了，该收购的收购完了，该跨界的跨界完了，接下来要比什么呢？不是比硬实力，而是比谁的创新能力强，比谁的颠覆能力强，比谁决战未来的能力强。

未来是属于创新型企业家的时代。中国的第三代企业家，可以借助对互联网技术的驾驭以及眼光与格局，在传统企业还没来得及做出反应的时候，获得先发优势，碾压各个领域的传统企业，跨领域地随意地兼并、收购，创造出傲人的业绩和巨额财富。但到了2015年之后，我们会发现，所有的传统企业几乎都变成了互联网企业，传统企业与互联网企业之间的边界基本消失了。到这个时候，创新已经成为决定企业发展成败的核心力量，创新型企业家也将成为下一个时代主导企业成败的决定性因素。尤其是在三大条件完成之后，创新型企业家的优势将会更加明显。

这里我所说的三大条件，第一是社会基础设施的完善。我们今天常说的大数据、云计算等，在互联网世界里，它们就是基础设施。经过过去十几年的发展，这些基础设施已经逐渐完善，已经形成平台化、系统化，未来各行各业的价值创业者只要需要点的对接，就可以迅速释放自己的商业价值。而不像以前一样，如果我们有好的产品，还需要包装、需要策划、需要资源。未来，等到这种社会基础设施彻底完善，各行各业都已经分工细化完成之后，我们需要的更多的是内容的填充与优化，而这主要是靠创新来完成的。

第二个条件是靠价值变现。创新是什么？是智慧的创新，是技术的创新。比如今天的AI（人工智能）、云计算、智能机器人以及其他各个领域的高科技，都已经成为推动社会发展的核心力量，而这种力量来源于建立在智慧基础上的创新。当智慧创新和技术创新成为时代主流的时候，价值变现就变得尤为重要。由人所主导的创新引领企业发展，在模式、营销、管理、技术、服务等各个方面引起了一系列变化，成果将通过企业的链条生态，把价值深度挖掘出来，从而实现价值变现。这个时候，创新型企业家将迅速走向时代的舞台中心，在各行各业对传统的企业或者对传统的互联网企业完成快速变革。

我们可以看到，2015年之后，百度、新浪、搜狐已经基本地沦落为传统企业，未来，所有不是互联网企业的企业将消失，所有的企业都是互联网企业，人才价值的变现时代已经到来，而这种人才价值变现背后的核心价值正是创新与颠覆的能力。

第三个条件是创新型思维的孵化。我们经历了漫长的封建社会，保守文化根深蒂固。不可否认，其中的很多观念，都与当今社会快节奏、多变化的多元生活方式格格不入，乃至成为阻碍创新的绊脚石，成为企业和企业家大胆变革的阻力。时代在变，每天都在产生巨量的信息，新鲜事物层出不穷，消费者的观念和生活方式都在改变，如果企业的经营和管理方式迟滞不前，被淘汰在所难免。

综上所述，当社会基础设施不断完善、人才价值不断变现、创新型思维不断孵化，这三大条件逐渐成熟之时，就是未来创新型企业家真正主导中国企业未来之日。从2015年开始，中国企业就处在这样的发展阶段，我们可以看到，今天各行各业的投资全部聚焦于颠覆之处、创新之处，今天所有的投资投的都是创新型人才。如果你是创新型人才，那么，恭喜你，你已经代表着未来，你会在未来的世界里，体现出自己的价值，并且可以靠自己的知识价值和智慧价值，通过资本，通过企业，通过商业，迅速地变现，实现巨大的财富突破，实现巨大的事业辉煌。

第二章
释放创新活力 从突破瓶颈开始

第三章
重塑你的思维方式

跳出思维模式的局限

不同的思维模式，会带来不同的结果。具有未来思维的人，引领、创造的是创新型的企业；具有过去思维的人，创造的是过去式的传统企业。

一个人，从普通员工蜕变成优秀员工，再成长为经理、总监、副总裁、总经理，到未来成为知名企业家，把企业做强做大，需要面临很多挑战，也会经历一次又一次的蜕变与重生。

那么，在创新型企业家的成长道路上，会遇到哪些常见的瓶颈？

在我看来，企业家从传统企业家转变为创新型企业家，遇到的第一大瓶颈，就是思维模式的瓶颈。

思维模式是企业经营的核心，是企业家所有方法、理念的来源。不同的思维模式，会带来不同的企业结果。具有未来思维的人，引领、创造的是创新型的企业；具有过去思维的人创造的是过去式的传统企业。因此，我们要想转变为创新型企业家，首先要跳出思维模式的局限，从过去式思维、保守思维转变为未来思维和创新思维。

亨利·福特就是一个善于打破思维定式的企业家。众所周知，汽车诞生于19世纪末的欧洲，然而，真正让它驶入千家万户、为世界装上轮子的，却是美国福特公司。福特汽车公司自1903年成立起，就在汽车行业占据举足轻重的地位，成为世界汽车市场上的巨无霸企业。

亨利·福特是福特家族的第一代开拓者，也是福特汽车王国的缔造者。1903年，亨利·福特在底特律创立了福特汽车公司。当时汽车并不是一种普及的交通工具，而是奢侈品一般的存在，是身份的象征。但亨利·福特不认同汽车的这一定位，他的梦想是"制造人人都买得起的汽车"。福特汽车公司成立之后，他一直在致力于寻找一个平衡点，使生产出来的汽车既价格合理、易于被大众接受，又具有较高的生产水准、能满足更多人的需求。

1908年，福特汽车公司生产出世界上第一辆属于普通百姓的汽车，这就是在美国经久不衰的T型车，世界汽车工业革命由此拉开了帷幕。从第一批T型车驶出装配车间到1927年5月停产的近20年时间里，福特汽车公司总共生产了1500万辆T型车，销售总额达数十亿美元，占据了世界汽车产量的半壁江山。

难怪亨利·福特曾经骄傲地宣称："T型车就是我的名片！"。T型车是值得福特家族骄傲的，T型车的诞生不仅仅是一种车型或者设计的创新，更是汽车生产方式乃至大工业生产方式上具有划时代意义的创新。它的更伟大之处在于，汽车的普及，彻底改变了美国人的生活方式，催生了别样的文化和经济。如果将美国人称为"车轮上的民族"，那么T型车对这种民族意识的塑造功不可没。正如著名动画片《赛车总动员》中描绘的那样，创建汽车小镇的是一辆T型车，T型车同样也算得上是美国汽车文化的奠基者，它锻造了美国汽车工业的灵魂。毫不夸张地说，美国四通八达的高速路，强盛一时的汽车产业，都缘起于T型车。传奇的T型车创造了美国汽车工业史，也使福特从此成为世界最知名的汽车品牌之一，使福特汽车公司一跃成为世界上最大的汽车制造商。

然而，亨利·福特的伟大创举并不仅限于此，他还开启了流水线大量生产的先河。生产流水线对于福特汽车公司，对于整个工业企业，都产生了巨大而深远的影响，它带来的是工业生产方式和管理方式的真正的革命。

在福特汽车公司建立起生产流水线之前，当时的汽车工业完全是手工作坊型的，两三个人合伙，购买一台发动机，设计传动箱，配上轮子、刹车、座位，装配一辆，销售一辆，每辆车都是靠手工装配出来的，甚至每辆车的零配件都可能是不同的型号。因为启动资金门槛低，生产方式也相对简单，每年约有 50 家新开张的汽车作坊进入汽车制造业，但大多数的生命周期都不超过一年。生产流水线的诞生，使得这种手工作坊式的生产方式发生了彻底改变。

在手工生产时代，每装配一辆汽车，大概需要 728 个人工小时，而福特汽车公司的简化设计将其缩短为 12.5 个小时。作为第一个吃螃蟹的人，福特汽车公司从一家杰出而又成功的汽车公司变成了世界上最伟大的工业企业之一。对生产流水线的率先尝试，也使得福特汽车公司超越了纯粹的商业领域，成为社会巨变的先锋。

亨利·福特还有一系列具有革命性意义的创新，更屡屡引发社会变革。他是企业公民观念的鼻祖，最早注重企业与社会和市场的协调发展，大胆地成倍提高工人的工资水平，又在世界上首倡"每日 8 小时"工作制，促进企业与社会的协调发展。"5 美元日工资"最终把美国变成了"车轮上的国家"，把汽车变成了改变世界的工业产品。

亨利·福特对汽车工业的创造与改进，改变了整个世界，正因为如此，他被称为"新工业的救世主"。

很多人到了成年时，已经形成了自己固有的性格、习惯和思维方式，我们经常会听有些人说："我就是这样的性格""我就是这个习惯"，在他们看来，改变自己的性格和思维方式，简直比登天还难。

而企业家要想完成自我的再造，首先进行的不是技能的再造，而是思维方式的再造。但遗憾的是，在中国的各种培训课堂上，企业家们很难学到这种再造自我的方法。

其实，如果一个企业家具备了再造自我思维方式的能力，就具备了全方位再造自我的能力，他不但能再造自己的思想，还能再造自我灵魂，这是一种极大的创新和突破能力。当你具备了这种能力之后，你就可以不断与时俱进，不断引领突破。

在中网时代，我们会系统讲解思维模式的密码，告诉你什么是传统思维、过去式思维、僵化思维、机械思维、保守思维，帮你去除那些落后的思维方式，以创新思维、发散思维、未来思维、求异思维取而代之，希望能帮你"再造"一个全新的大脑，改变你的思维方式，让你成为一个拥有创新型思维的人。

当你跳出了思维模式的局限，你就可以重建自我，用创新型思维方式变革你的企业，引领企业的突破与创新，使企业经营的方方面面都发生天翻地覆的变化，从而带领你的企业完成重生，实现蜕变，走向辉煌与卓越。

摆脱行为习惯的束缚

想成为创新型企业家，就必须让自己从一个善于做擅长事、善于做过去有经验事情的人，转变为习惯于做没有做过的事的人，记住：要做创新的事情，就做自己以前没有做过的事情。

我们常说，一个人的习惯是很难改变的，因为每个人都有很多固执的观念，喜欢墨守成规，喜欢做自己擅长的事情，不愿意做自己不擅长的事情。而行为习惯的改变，也是企业家成长的第二个瓶颈。

有这样一个故事：一个穷人，过着穷困潦倒的生活。一个富人见他很可怜，想帮助他致富，于是就送给他一头牛，嘱咐他好好开荒，等到来年春天播种，秋天就可以丰收脱贫了。穷人满怀希望地开始奋斗，可没有几天，牛要吃草，人要吃饭，日子比过去还难，穷人想，不如卖了吧，买几只羊，先杀一只吃，剩下的生小羊，小羊长大了去卖钱，可以赚很多钱。穷人就这么办了，不过吃了一只羊之后，小羊迟迟没有生下来，日子又艰难了，忍不住又吃了一只……穷人想，这样下去不得了，不如把羊卖了买鸡，鸡生蛋的速度要快一些，鸡蛋立刻可以拿去卖钱，日子立刻可以好转。穷人又这样办了，但是日子并没有改变，他又忍不住开始杀鸡，终于杀到剩下一只鸡时，致富是无望了，穷人想还不如把鸡卖了，打一壶酒，三杯下肚，万事不愁。很快，春天来了，那位发善心的富人兴致勃勃送种子来，赫然发现牛没了，穷人依然一贫如洗。

可见，习惯决定了一个人的命运。习惯是什么？习惯是一种行为，一种思想，一种长年累月形成的惯性，能嵌入人的意识，影响一个人的行为。

所有的成功人士都有一个共性，那就是基于良好习惯构造的日常行为规律。从各个领域中的杰出人士——无论是运动员、律师、政治家、医生，还是企业家、音乐家、销售员以及其他所有领域中的佼佼者身上，我们都能发现这样一个共性，那就是良好的习惯。正是这些好习惯，帮助他们释放出了很多与生俱来的潜能。

万科的创始人王石曾经分享过自己生活中一直坚持的好习惯。

不拖延的习惯。我们为什么要拖延，主要原因在于我们要做的事情令我们感到不适。所以，我们的头脑会产生各种各样的借口和诱惑，来促使我们去做更容易的、更舒服的事情。当我们把一件事情定义为"不舒适"的时候，我们会本能地不想去做它，想方设法拖延到明天。但是，如果我们能够把这种痛苦分解成1000份，变成可以忍受的程度，那么事情就变得容易了。我们可以制订一个表格，叫作"战胜拖延"。每次有想要拖延的想法的时候，就立刻去做，完成任务之后就在表格上+1，当完成1000+的时候，拖延的习惯就根除了。

健身的习惯。我们不去健身是因为感到不舒适，但是如果每次有意识地让自己承受一些不适，会逐渐提升自己的忍耐力，一旦养成一种习惯，我们会依赖于这种不适带给自身的有利刺激，让自己感到更有活力。

阅读的习惯。没有阅读习惯的人会把读书看成是一件很痛苦的事情。如果你能够建立一个表格，每读完一个章节就在上面写上+1。逐渐养成习惯以后，改成阅读一本书写上+1，你会发现一个月你甚至能够读上5本书。然后阅读会变得不再痛苦，而成为一种习以为常的事情。当你能够跟别人谈起你阅读的著作以及你的看法，会是一件很有成就感的事情。

早起的习惯。要培养早起的习惯，首先要为自己设定一个早起的目的，而且这个目的会让你很期待第二天的早晨快点到来。如果你是一个吃货，不妨睡前准备好一顿丰盛的早餐食材，等早上起床给自己做一顿美味的早餐。我给自己设定的早起目的是玩半个小时游戏，这对我来说很有吸引力。于是，如果我想要6点半起床，那么我会把闹铃定在6点，然后快速起床，开机时间我会搞定刷牙洗脸，然后热一杯牛奶，一边打游戏，一边听着英语广播。通过这个方法，我将不适转换为舒适，让本来很难的事情变得容易接受而且备受期待。

写作的习惯。读书再多，如果不写出来，就不能成为自己的东西。如果不能向别人说出来，就不能得到修正与反馈，也无法知道自己的观点是处于什么样的水平。写作是一个整理自己想法的很好的工具，将平时阅读中的论点整理出来，加以思考，总结成自己的话。这样，逻辑能力和思考能力就会逐渐加强。当然，写作是件比较痛苦的事情，你需要整理自己的思绪，并且组织语言将它们表达出来。而且，当你对着电脑的时候，还要排除各种杂事的干扰，这对专注力也是一种锻炼。

所以，如果我们想要成为一个优秀的企业家，必须摆脱行为习惯的束缚。当然，这些生活习惯的改变固然重要，但在所有行为习惯中，我们最迫切需要改变的，是做自己最擅长的事情的习惯。我们想成为创新型企业家，就必须让自己从一个善于做擅长事、善于做过去有经验的事的人转变为习惯于做没有做过的事的人，要记住：要做创新的事情，做自己以前没有做过的事情。就像马云，他做的支付宝、余额宝，都是他以前从来都没有做过的事情。

　　真正的创新型企业家，并不是做自己擅长的事，而是做自己从来没有做过的事情，是凭自己的创新能力和对未知价值的发现，在和世界赛跑。我们必须改变自己过去的行为习惯，如果你不能改变，只能做习以为常的事，只能做做过的事，那你最终只会落伍，只会被淘汰。这样的企业家是没有未来的，这样的企业也终将被时代和历史所淘汰。

补足能力素质的短板

企业家只有学习，才能够完成能力、素质的蜕变。只有完成能力、素质的蜕变，才能引领企业的未来。我们要记住：懂得多的永远比懂得少的做得好，看得远的永远比看得近的更有机会。

对于企业家来说，要完成思维模式和行为习惯的再造，是需要大量时间去学习，也需要耗费很大的精力。企业家做什么样的企业，是根据他的能力来设定的，有多大的能力，才能做多大的事。只有提升视野和格局，看问题的角度和深度才能不断提高。而这一切，都需要各种素质和能力的支撑。

这些能力和素质，甚至资源或人脉的对接，都需要我们通过辛苦的努力，付出金钱、时间、精力的成本才能获取。但现在的很多企业家，因为工作的忙碌、现实的压力、生活的需要，已经没有学习的时间，也就失去了成长的空间，很难完成自我能力和素质的再造。因此，能力和素质的短板也就成了企业家成长的巨大瓶颈。

2015年以来，我们看到，中国很多传统企业倒闭，比如曾经税后利润达到1.2亿元的庄吉集团，旗下的庄吉服装、庄吉工业园区、庄吉集团、庄吉置业、庄吉船业、远东船舶6家公司一夜之间全部宣布破产。在东莞，也有大批制造型企业关门，很多老板从富豪变乞丐，从首富变首负，多年拼搏努力的成果赔了个精光，甚至连自家的住房都被银行抵押收走。这样的事情真是触目惊心，这是企业家最大的悲哀。为什么会出现这样的结果？原因就在于企业家的能力和素质的模型已经跟不上时代的步伐了。

在过去的时代，有些企业家利用某一种模式赚到了很多钱，获得了阶段性的成功。他们难免会寄希望未来能持续获得成功，于是，就把过去多年积累赚到的财富全都投到企业里，甚至向银行大量贷款，去建厂房、购设备、扩大公司规模，期冀能获得更多的收益。然而，他们没有意识到的是，如今的市场环境已经发生了巨大的改变，企业需要转型升级了，在旧有的商业模式上扩大经营，最终会导致企业发展后继无力，最终走向失败。他们从银行贷的款、扩建的厂房和设备、给员工发的工资，不是企业的资产，全都变成沉重的负担，沦为企业的负债。现实就是这么残酷。

为什么这些企业家会出现能力素质的短板呢？根本原因在于他们没有学习，没有改变自己的思维方式，没有调整企业的经营方式，没有跟上时代的步伐。现在的企业已经从过去的实体传统企业转变为虚拟运营型企业了，一些传统企业已经沦为血汗工厂，而这些企业家却仍然固守这个模式，该换船的时候不知道换船，该掉头的时候不知道掉头，于是就撞了暗礁，沉了。

很多传统的企业家不爱学习，他们依靠一时的经验和机遇获得了阶段性的成功，却不具备企业经营和管理的综合能力，比如他们不懂营销，不懂品牌策划，不懂如何打造团队，不懂商业模式创新，不懂为企业进行顶层设计，不懂资本运作……他们不知道，正是这些能力的组合，加上天时、地利、人和，才造就了一个企业家的成功。当企业家不具备这些能力的时候，企业所面临的风险就很大，任何一个环节出现缺口或疏漏，就有可能置企业于万劫不复之地。

综合能力的补充，不是一蹴而就的，需要长期坚持学习，才能完成蜕变。比尔·盖茨在《未来之路》中提出:"要想掌握商业分配的原则,只有一点——学习。"战胜竞争对手最快、最好的方法,就是怎样比对手学得更快、更好。谁学习的速度快,谁就会成为赢家。现在很多知名的企业家,都有终身学习的习惯。他们崇尚知识的力量,有强烈的求知欲,善于融会贯通,善于吸收外界的能量,不断追求自我超越。

李嘉诚是一个非常重视学习的人。他虽然已经到了耄耋之年,但依然精神矍铄,每天要到办公室工作,从来不曾有半点懈怠。据李嘉诚身边的工作人员称,他对自己业务的各种细节都不陌生,这和他几十年养成的良好的生活、工作习惯密切相关。李嘉诚学习有一个秘诀,就是每天晚上睡觉前一定要看半小时的书,了解前沿思想理论和科学技术。据他自己称,除了小说,文学、历史、哲学、科技、经济方面的书他都读,每天都要学一些东西。这是他几十年保持下来的习惯。他回忆说:"年轻时我表面谦虚,其实内心很'骄傲'。为什么骄傲?因为当同事们去玩的时候,我在求学问,他们每天保持原状,而我自己的学问日渐增长,可以说,这是自己一生中最为重要的财富。现在仅有的一点学问,都是在父亲去世后几年相对轻闲的时间内,每天都坚持学一点东西得来的。因为当时公司的事情比较少,其他同事都爱聚在一起打麻将,而我则是捧着一本《辞海》、一本老师用的课本自修起来。书看完了卖掉,再买新书,每天都坚持学一点东西。"

海尔的成功,与其领导者张瑞敏爱学习的习惯不无关系。张瑞敏不抽烟、不喝酒、也不喜欢应酬,爱好是读书和与专家恳谈。张瑞敏甚至有一个外号——"书呆子"。对于学习的热爱,早在童年时代就植根于张瑞敏的心中,即使是成功之后,再忙他也要坚持天天读书。他平均一周会看 2 本书以上,一年下来大概要看

100多本书。有人曾经问张瑞敏成功的秘诀是什么，他回答：是学习和读书。

日本资生堂创始人、福原家族的福原义春，也是一个爱学习的人。他热爱读书，他的阅读范围很广，从社会上的畅销书到原版的法国最新哲学、美学作品，再到美国最新思潮方面的著作等，各类图书均有涉猎。

东芝全球总裁西田厚聪，也是一个无时无刻不在学习的人，无论多晚回到家中，他都会埋头读上几个小时的书，而且是几本书、几个方面的书同时读。出差中国的时候，西田的夫人、秘书等人要为他准备一大包的书，不管去哪里，旅途都是他读书的专用时间。

卫浴行业里的领航者奥普浴霸，它的成功就源于其创始人方杰与众不同的学习之道。早在澳大利亚留学的时候，方杰就有了创业的打算。为了积累经验，他特意到澳大利亚最大的灯具公司打工。当时的他还很年轻，对商业谈判十分生疏。他知道商业谈判对一个创业者的重要性，因此很想学会这种不可或缺的本领。恰好他当时的老板正是一位谈判高手，于是他就虚心向老板学习。每当有机会陪同老板去参加商业谈判的时候，方杰总是会悄悄地在口袋里揣上一个微型录音机。这台微型录音机会把老板与客户谈判的内容一字一句地记录下来，等到回家以后，他就一遍一遍反复地听，不断地揣摩、分析，学习老板分析问题的角度、技巧，学习如何提问，如何回答对方的问题，如何避开谈判中的陷阱，如何"挖坑"让对方往里跳，如何议价等。

经过长期学习，方杰终于掌握了谈判技巧，成为一个商业谈判高手。在这一过程中，他表现出来的进取心打动了老板，后来他的老板退休之后，就推荐他为自己的继任者。到了1996年的时候，方杰已经成为澳大利亚身价最高的职业经理人。等到他自己创业的时候，他向老板学习的很多知识、经验都派上了用场，奥普浴霸就这样稳步发展起来。

如同大多数人一样，方杰并不是一个天生的生意人，也没有什么出众的商业天赋，他的成功，完全是通过多种途径勤奋学习的结果。而这些成功的企业家，不仅懂得从书中汲取知识，还不断拓展学习的途径，通过各种各样的方式来补足自己能力素质的短板。

当然，学习是有成本的，不但需要企业家投入大量的金钱，还需要付出很多时间和精力，另外还需要企业家的思维具备吸收的空间和能力，需要他们有自我开悟的智慧以及强烈的改变自我的意愿。

这种学习在短期内可能不会有明显成效，但经过一年、两年、三年的长期坚持和积累，就会发现自己已经像海绵吸水一样，吸收了很多知识，获得了足够的成长，甚至能超越自己、能驾驭风险、能引领企业不断成长。

企业家的学习，还需要与时俱进。比如，今天已经进入互联网时代，就需要企业家懂得互联网，要学习互联网思维，学会利用互联网赚钱的商业模式和盈利方式。比如，现在移动互联网日益发达，那企业家就需要参加移动电商微营销总裁班的培训，学习如何打造微商团队。再比如，现在是融资时代，企业家就要学习股权激励，学习上市规划，学习资本战略，掌握各种融资渠道。

企业家只有学习，才能够完成能力、素质的蜕变。只有完成能力、素质的蜕变，才能引领企业的未来。我们要记住：懂得多的永远比懂得少的做得好，看得远的永远比看得近的更有机会。

调整工作节奏的变化

> 在互联网的世界里,最重要的是速度,是颠覆,是创新,你永远在奔跑,永远停不下来。而很多传统企业现在还坚持着曾经的慢节奏,最终注定会被淘汰。

创新型企业家成长的第四个瓶颈,是工作周期、节奏的变化。

20 世纪 80 年代,我们说"三十年河东,三十年河西",那个年代,我们可能用一辈子干成一件事情,就已经非常了不起了。到了 20 世纪 90 年代,就变成了"十年河东,十年河西",如果我们能用十年的时间来打造一家卓越的公司,就已经很不错了。到了 2005 年之后,"十年河东,十年河西"已经变成了"三年河东,三年河西",只需要用三五年的时间,就能打造一家业绩骄人的公司,甚至把它做上市,创造巨大的财富。到了 2010 年以后,我们只能说"18 个月河东,18 个月河西"了,这个时候打造一家公司,可能从公司创立到实现源源不断地盈利,只需要 18 个月甚至更短的时间。

现在很热门的电商网站拼多多,在京东、阿里巴巴的包围下冲出来,创造出一个电商神话。从创立到上市只用了不到三年的时间,刷新了中国互联网企业最快上市纪录。这就是互联网的速度。

以前我们经常说一个人要用一辈子的时间做一件事,但实际上,这个观念是错误的。现在,随着时代的发展、环境的变化,可能一个行业只能存在一两年,你怎么可能做一辈子?

想必很多人对开心网都不陌生,2009 年、2010 年,开心网是中国互联网社交领域和资本市场上的香饽饽，无论是发展势头，还是估值，都远远超过了当时的人人网，尤其是偷菜、抢车位等游戏红极一时，迅速在社交领域登顶。但好景不长，当偷菜、抢车位渐渐进入疲劳期后，开心网的活跃用户量日渐下降，最终从社交版图上消失，只能靠手机游戏变现度日。2016年10月，开心网以10亿元的价格便宜卖身，为自己辉煌的社交生涯画上了令人唏嘘的句号。

回想当年团购领域血腥的"百团大战"，相信很多人记忆犹新，拉手网就是当时炙手可热的明星企业。这家团购领域曾经的霸主，累计完成过1.66亿美元的三轮融资，估值11亿美元，有金沙江创投这样的知名投资机构背书。而且当时拉手网在纳斯达克上市的IPO（首次公开募股）申请已经准备就绪，还开了盛大的发布会。然而，随着团购这种形式在消费者群体中"失宠"，拉手网的发展势头渐渐衰弱，最终在第一轮的团购洗牌中"猝死"，如今已经烟消云散，淡出大众的视线。

不仅企业的生命周期发生了变化，我们的工作节奏也不同以往了。我有很多学员在二、三线城市，他们常向我诉苦，说自己的公司招不到人，因为做电商要求晚上发货，但员工到六点钟就下班了。以前，大多数人的工作节奏都是朝九晚六、八小时工作制。但现在，互联网时代是没有上下班的，只有目标和结果有没有达成，只有梦想有没有实现。如果你在深夜十二点到阿里巴巴的办公室，你会发现里面灯火通明，有很多员工还在工作。

互联网时代讲究的是速度与效率，互联网让全世界连在一起，如果你下班了别人不下班，你不发货别人仍然在发货，你的公司就被淘汰了。所以今天做互联网企业，考验的不仅是你的智力，同时还是你的体力。同样生产一个产品，一边是24小时三班倒，没有任何停歇，一边是8小时工作制，谁的效率更高是显而易见的。工作节奏的优劣，足以决定一家企业的成败。一两个月不算什么，一两年累积下来，差距自然逐渐拉大。

所以，在传统企业家转型为创新型企业家的时候，一定要清醒地认识到，互联网企业和传统企业之间的差异，不是网络与传统的区别，而是生命周期、工作节奏与时间效率的巨大差异。在互联网的世界里，最重要的是速度，是颠覆，是创新，你永远在奔跑，永远停不下来。而很多传统企业现在还坚持着曾经的慢节奏，最终注定会被淘汰。

如果你想享受安逸的生活，我告诉你，互联网企业不适合你。因为互联网企业从诞生的第一天起，面临的就是全国化的竞争甚至是全球化的竞争，所以在这个行业里注定每天都在上演狮子和羚羊赛跑的游戏。

这就是一个新时代的来临带给我们的巨大变化，它要打破我们的工作节奏，让我们离开舒适区，重构自己的工作方式。

冲破时代背景的制约

如果你真的想成长为创新型企业家，记住，请忘记你的年龄，不断进行思想和精神的蜕变与进化。当你完成自我重建与提升时，你就可以跨越年龄的界限，冲破时代的束缚，做你想做的事情，成就最好的自己。

每一代人都有每一代人的机会，每一代人都有每一代人的迷茫。时代背景的制约，是创新型企业家成长的第五大瓶颈。

事实上，生在什么时代，干什么时代的事，这是一个很简单、很朴素的道理。比如我们的父母，一般是"50后"、"60后"，他们只能干他们那个时代的事，今天21世纪的事，他们很多都理解不了。现在中国已经进入了"90后"和"00后"的时代，父辈们会逐渐退出历史舞台。那么，再过十年、二十年，世界将彻底进入"00后"、"10后"的时代，到那时，"80后"也会像今天的"50后"、"60后"一样，从历史舞台上退场。

阿里巴巴有5万名员工，其中有50%的人是"80后"、"90后"，再过5年，这一比例可能会占到70%，他们会走向管理层面，占据核心职位。

不仅是阿里巴巴，我们也可以清晰地看到，现在的很多新兴的互联网公司，他们的创始人就是"80后"、"90后"。比如"80后"创业者李想，已经进行了三次创业，成绩令人羡慕，从最开始的泡泡网，到汽车之家，再到如今的车和家，他每一步都踩准了时代的风口。第一次做泡泡网的时候是 PC 互联网时代（即计算机互联网时代），做汽车之家是移动互联网的时代，到了车和家是智能汽车和 AI 的时代。

李想高三就辍学到北京创立了泡泡网，这个网站主要是做 3C 类产品（即计算机、通信和消费电子类产品三者结合，亦称"信息家电"），其竞争对手主要是中关村在线和太平洋电脑网。因为李想本身很年轻，同时起点也不算太高，所以要想做出好产品，只能靠后天努力。在做泡泡网的时候，他每天工作十几个小时，努力分析竞品特征等，但不管他怎么做，都竞争不过两家对手。不过即使如此，当时泡泡网一年的收入已经有 2000 万元，利润就有 1000 万元，20 多岁的李想已经成为千万富豪。然而李想是一个永不满足的人，他开始寻找新的机会。

在第二次创业的方向选择上，李想瞄准了四个方向——房产、招聘、汽车、旅游，他认为这四个领域只要做好，都会诞生独角兽级别的大公司。最后，李想选择了汽车领域，他的理由也很简单，用他自己的话说就是"你只要看看现在做得好的汽车网站都是从 IT 转过来的，汽车网站和我们现有的网站在线上的模式是一样的，操作方式也一样，都是既做内容又做测评，正因为有前期的经验，我们做起来非常得心应手。"

2004 年底，李想开始汽车之家的筹备工作。2005 年，汽车之家正式上线。凭借着之前做泡泡网的经验以及靠着泡泡网的导流，同时凭借中立、客观的内容以及在数据库、实拍图片等方面的创新，汽车之家发展得非常顺利，不到一年就进入国内汽车网站访问量 TOP5，并且很快取得了盈利。2008 年，汽车之家流量超过所有汽车垂直类网站，成为行业第一。2013 年 12 月 11 日，李想带领汽车之家在美国纽约证券交易所成功上市，李想的身价也达到了 1.52 亿美元。

2015年6月，李想因为种种原因离开汽车之家，开始投身到第三次创业中，当年7月，他创办了车和家。到目前为止，车和家拉了三轮融资（天使轮、A轮、B轮），累计获得融资57.55亿元，融资后车和家估值超过20亿美元。同时，车和家还与滴滴出行成立了一家合资公司，双方将在打造共享出行场景专属的智能电动车产品、智能化车队的运营及服务、自动驾驶的规模化应用等方面展开深度合作。除了车和家，李想还跟老对手易车的李斌一起，成为蔚来汽车的发起人。与其他企业家相比，李想很年轻，但这并不妨碍他拿到数亿美元的风投基金，更不影响他引领他的企业走向光明的未来。

很多人慨叹"长江后浪推前浪"，但没办法，互联网是属于年轻人的产物，创新是一种变革的力量。"80后"、"90后"、"00后"们，他们代表的是青春的旋律，代表的是变革的力量，代表的是时代的未来。

而对于上一代人来说，过去积累的经验已经落伍了，到了互联网时代，它们甚至已经不再是资产，而是变成了"负债"，变成了阻碍我们迈向未来的"拦路虎"。

所以，要想成为创新型企业家，最大的阻力就来自于时代背景的制约。因为你没有参与过这个时代，你就感受不到客户需求所发生的变化。"90后"比我们更了解"00后"，"00后"比我们更了解"10后"，"80后"比我们与"90后"、"00后"走得更近，这是永远无法改变的事实。而谁更了解客户的需求，谁就更能掌握市场和未来企业经营的主动权。因为企业经营的本质、营销的本质，就是不断地满足未来客户的需求，就是不断地为客户创造价值。

你会发现，随着企业的发展和时代的变迁，逐渐老去的我们，身上已经被打上了鲜明的时代烙印。"80后"有"80后"的机会，

"60后"有"60后"的机会,"00后"有"00后"的机会,当我们不在那一个时代的时候,当我们远离那个时代的时候,属于我们的机会就越来越少。而生活在每一个时代,我们能改变的都是有限的,比如一个"60后",现在让他再去适应高速运转的工作节奏,那几乎是不可能的。

但老去的是年龄,我们的思维方式可以更新、变革,如果我们具备强大的思维进化能力和快速的环境适应能力,我们就能冲破时代背景的制约。而这种进化,需要我们迎接巨大的挑战,我们首先否定的是自己,首先打碎的是自己,首先变革的也是我们自己,而不是别人。

时代在变,你准备好了吗?如果你真的想成长为创新型企业家,记住,请忘记你的年龄,不断进行思想和精神的蜕变与进化。当你完成自我重建与提升时,你就可以跨越年龄的界限,冲破时代的束缚,做你想做的事情,成就最好的自己。

克服企业配套的限制

　　对企业家来说，现在所面临的已经不只是个人思维模式、行为习惯、能力素质的提升，也需要面临企业资源、人才、信息等各方面配套的转型升级。

　　从传统企业家成长为创新型企业家，需要面对的第六个瓶颈，是生活配套的限制。

　　在十年前，中国大多数传统企业经营者都是各行各业的经销商、代理商或者是区域发展型企业。如今中国进入了网络时代，快速发展的互联网技术使得中国企业的经营模式、市场定位都发生了巨大的变化，今天所有的互联网企业都是全国性的企业。

　　互联网让世界变得扁平化，让企业变成平台，地域界限被彻底打破。比如淘宝平台的诞生，使遍布全国各个城市、乡镇的专卖店、步行街都被取代。京东商城和天猫商城的崛起，使得不少超市、商场都变得门庭冷落。现在的企业，已经不再局限于一个城市、一个国家，他们都在一个平台上做生意，面临的是全国乃至全世界的竞争。所以，今天的企业要有全球视野，要站在更高的高度上去经营。

　　而对于企业家来说，现在所面临已经不只是个人思维模式、行为习惯、能力素质的提升，也需要面临企业资源、人才、信息等各方面配套的转型升级。

　　我们可以清晰地看到，其实大部分资源，都集中在少数的几个大型城市，比如北京、上海、广州、深圳、杭州等。而中国更多的二、三线城市，根本就不具备打造全国性平台、打造上市公司所必需的一系列条件和要素。这些地方的企业需要面对人才匮乏、资源短缺、产业基础薄弱、信息滞后等限制。比如，我们要做一个时装公司，如果我们在杭州，可能用不了多久就能发展起来。但如果我们在西藏，企业的发展就会非常迟缓，单是物流成本就是杭州的几倍甚至几十倍。再比如，我们要做一个小商品公司，如果我们在义乌做就是一件轻而易举的事情，因为义乌就是靠着小商品销售的带动发展起来的，现在是亚洲最大的小商品产销基地，建立了小型加工厂结合的产业链，大大减少了企业的成本投入。但如果我们跑到云南去经营，就会有很多不便和障碍，比如成本增加，人才匮乏。

企业的升级，升的不仅仅是企业家的思维观念，更是与企业经营相关的所有要素。正因为此，很多企业家会放弃自己原来的事业，举家搬迁到北京、上海等大城市。浅水养不了大鱼，道理就是这么简单。

所以，企业家的每一次蜕变，都是一次重生，一个新的开始。它不是一个单方面的事情，它会影响到我们的生活方式，影响到我们生活的各个方面。我们必须努力突破传统企业经营者的发展瓶颈，做好一系列的调整和变化，才能踏上新的创业征程，才能开启新的事业之路，才能成长为卓越的创新型企业家。

在逆境中重生

所有的企业家都需要在前进的道路上完成自我重建，成长为创新型企业家，用新的知识、新的思维、新的观念、新的能力去驾驭企业，引领未来，在未来站在时代的风口上，立于不败之地。

企业家突破生存环境的限制、突破自身瓶颈的束缚，完成自己的成长与蜕变的过程，就是在逆境中重生的过程。

其实，每一代企业家都会经历这样的坎坷与磨难，经历时代的敲打。逆境是成功的必经之路，有了逆境的磨炼，才有成功的可能。

华为的任正非，创业路上曾经饱尝现实的残酷。从部队转业的任正非，到了深圳市南油集团就职。在这个大型国企，任正非原本打算凭借自己过硬的技术大显身手，但刚刚脱下军装、性情耿直的他，却因为看不惯一些部门领导得过且过、不思进取的官僚作风而遭到"雪藏"。他曾经主动请缨，给老总立"军令状"，要求将旗下的一个公司交给他管理。然而热情换来的却是冷漠，他的要求没有获得批准，任正非的心顿时跌进了冰窟之中。为了安抚任正非，领导安排他去了南油集团下属的一家电子公司做副总经理。谁料想，正是在那里，任正非摔了人生的一个大跟头。

当时，一种对国人来说还非常新鲜的高科技产品引起了任正非的关注，那就是数字式程控电话交换机。在那个年代，这种交换机的价格非常昂贵：欧美厂商的交换机价格一般是每线300~400美元，日本厂商即使便宜一些，也需要180美元。这些跨国巨头们仗着垄断技术，宰起人来毫不手软。因此，中国人曾经装一部电话要收初装费5000元（后来逐渐降到了2000元以下），而且还不能及时安装，要排队等几个月甚至一年之久，更有甚者还要递烟、送礼、请客吃饭，才能顺利安装。除此之外，这些来自不同国家和制式的交换机互不相通，造成了通信市场的混乱。很多"聪明人"选择了程控交换机生意，从香港、台湾等地区把形形色色的交换机产品走私进来转手倒卖，或者贴个自己的标签出售。

北京中关村的早期风云人物、华科公司老板许瑞洪，曾经把进口组件搬进暑假学校的空教室，找一帮学生来组装机器，教他们插元件、电焊，连生产许可证都没有，贴个"华科100"的商标，居然能卖到供不应求的地步。一个暑假，就能组装500台120门小用户交换机，每台成本20000元，却能卖75000元，足足赚了2000多万元。

过量进口、低价倾销和走私进口的交换机，严重扰乱了国内市场秩序，影响了国内企业的正常生产，使我国原有的纵横制交换机产业发展受到强烈冲击。因为通信行业发展迅速，程控交换机市场需求日益扩大，很多国内厂家都想抢占这个市场，却由于存在技术瓶颈，发展迟滞不前。

一向爱刻苦钻研技术的任正非，敏锐地意识到了这项技术的重要性。他对当时贴着形形色色标签的交换机充斥国内市场的状况非常不满，认为国有企业完全有能力主导这个市场。斗志昂扬的任正非立即向公司董事会申请成立了数字程控交换机研发组，说服公司领导拨款研制。但一年过后，研发耗资了100万元，项目却没有成功。任正非很不服气，他决定再试一次。

第二次研发，投资追加了200万元，任正非更拼命了。那段时间，他把自己所有的心思和精力，都投入到了工作当中，但结果并不理想，现实的残酷，往往让我们的努力显得那么不堪一击。一年后，任正非的第二次研究又以失败告终。

经历了两次失败之后，任正非转而做电子产品贸易，但老天似乎故意和他作对，屋漏偏逢连夜雨，任正非生性直爽，再加上在部队生活过的经历，习惯了慷慨与坦诚的单纯环境，对一些商业陷阱毫无防备，结果被人骗走了200万元。20世纪80年代末，200万元人民币是一个天文数字，要知道，当时城市工人的平均月工资不到100元。

给企业带来了如此惨重的损失，任正非在南油集团自然是待不下去了。

此时，陷入低谷的不只是他的事业，还有家庭。任正非的妻子此时已经是南油高管，自己的丈夫却失业了。地位上的悬殊，导致家庭生活出现了不和谐。偏偏任正非又是一个孝子，来到深圳后，他很快就把父母和弟弟、妹妹接来，让他们和自己住在一起。父母和弟妹们的到来，让任正非和妻子的家庭矛盾与工作矛盾出现。分歧愈演愈烈，矛盾越来越激化，最终，这段原本美满的婚姻，终告结束。

此时的任正非已经44岁了，却面临被辞退、离婚、欠债200万元的窘境。试想有几人能承受这等打击？但任正非不服输！在出租房里，他咬牙做出了一个艰难而重要的决定：创业！

1987年10月，在深圳湾畔的两间简陋的"简易房"里，任正非和人合伙投资21000元，创办了一家小公司，取名"华为"，注册为集体企业，经营小型程控交换机、火灾警报器、气浮仪开发生产及相关的工程承包咨询。就这样，华为诞生了。后来有人问华为公司名字的含义，任正非曾经这样回答："华为华为，中华有为。"

谁也没有想到，这家诞生在一间破旧厂房里的小公司，今天已经成为大型跨国企业，改写了中国乃至世界通信制造业的历史。

乔布斯也曾经摔过大跟头——他曾被自己一手创办的苹果公司开除。仅用十年时间，乔布斯就把苹果电脑公司发展成为拥有4000多名员工、价值高达20亿美元的高新企业。然而，就在乔布斯春风得意时，噩耗传来：他竟然被董事会"炒鱿鱼"了！

这是乔布斯人生中的第一个"大跟头"，他怎么也想不明白，一个人怎么可能会被自己创立的公司开除呢？但无论他接受与否，这都是一个残酷的事实。有的时候，世界就是这么无情。

这个"大跟头"给他带来的打击是毁灭性的。在之后的很长一段时间里，他都无法从挫折中走出来。在被开除的前几个月里，他每天浑浑噩噩，无所适从。他觉得自己让很多人失望了，当他遇到了惠普的领导者戴维·帕卡德时，他满怀歉疚地向这位前辈道歉，因为他觉得自己把事情搞砸了，让他失望了。

在硅谷，乔布斯曾经是所有人羡慕的对象。但他被解雇后，成了人尽皆知的失败者。他甚至想过要离开这个曾经给予自己无限荣光的地方。

但他最终意识到，逃避不是解决问题的办法，也不可能使他摆脱失败者的阴影。在经过一番思索之后，他决定鼓足勇气面对残酷的事实，重新开始创业。

在接下来的几年时间里，他先后创立了两家公司，并且参与制作了名噪一时的经典电影《玩具总动员》，这也是世界上第一部全电脑制作的动画电影。随着这部电影火遍全球，乔布斯再一次成为著名的创业明星。

在再次创业的过程中，乔布斯吸取了自己以前在苹果公司失败的教训，改变了原先一意孤行、固执己见的个性，成为一个善于合作的优秀管理者。

奇迹发生了，由于他的新公司具有非常强的活力，而且他的个性也有了极大的改进，苹果公司决定请他回来，重新担任苹果公司的领导者。从此，他迎来了人生的再次腾飞，取得了更大的成就。

后来，在一次演讲中，乔布斯曾说："事实证明，被苹果辞退是我一生中所经历的最棒的一件事情。当成功的沉重被凤凰涅槃的轻盈取代时，我们就能以自由之躯进入生命中最有创意的时期。"

松下幸之助，是世界著名电器财团松下电器的缔造者，他的企业经营管理经验备受世人瞩目，享誉全球，松下幸之助被称为日本的"经营之神"，曾是美国《时代周刊》的封面人物。但是松下幸之助的创业路并不是一帆风顺的，曾经多次陷入绝境，又多次柳暗花明，还经历了两次世界大战的洗礼，松下公司在今天能够依然如此强大，是一件非常不容易的事。

第二次世界大战结束后，日本战败投降，美国对日本战后经济发展进行改造，并对一些大公司如三井、三菱、松下进行经营限制，作为松下公司的总经理，松下幸之助被勒令辞职。最后由于众多员工请愿，他才被得以留任。当时企业的境遇极其糟糕，贷款被全面取消，正常生产无以为继，工资也发不出来。1949年初，松下公司所欠税款已居全日本第一，许多员工辞职了，松下幸之助的个人生活都入不敷出，只能靠朋友的接济度日。

面对经济形势的萧条和整个行业的不景气，松下幸之助并不气馁。许多人对付不景气的方法是停产减员。但松下幸之助以为，停产是无可奈何的选择，但减员大可不必。停产后可以找些其他事情来做：平时忽略的技术培训搞起来，平时怠慢的顾客格外照顾一下，该检修的机器彻底检修一下……

1949年2月，美国逐渐改变对日政策，日本经济略有复苏，松下幸之助终于看到了希望。经历了许多的磨难，除了雄心之外，松下幸之助比过去多了些沉稳、冷静和谦逊，他重新定位了自己的企业，不再把自己当成一个有所成就的企业家，而是当成业界的新人；不再把松下电器当成是一个"小巨人"，而是当成刚起步的新企业。

当然，松下幸之助并不是鄙薄自己和松下电器，而是站在全球视野下审视、评价自己和松下电器。基于这样的认识，他提出了已有33年历史的松下电器"重新开业"的口号。松下电器在战后的腾飞以及长期高速发展，和这种"重新开业"的心态密不可分，这是极其可贵的。

1961年，正值事业巅峰的松下幸之助宣布退休，但三年后的一场危机又把这位年届71岁高龄的老人从幕后推到了前台。由于日本经济泡沫过度膨胀，市场环境急剧恶化，到1964年，因为经销商无法获利导致怨声载道，这个问题一旦解决不好，就可能造成经销商大量流失的严重后果，松下幸之助毅然决定，以董事长的身份暂时代理公司的营业部部长职务。

这一职务重新燃起了他年轻时的斗志，每天起早贪黑地工作在第一线。在他的努力之下，公司不但走出了低谷，而且上演了一出在经济不景气时期反而高速增长的好戏，全国200多个销售公司联名给他赠送了一尊"天马行空"像，以表示感激之情。

不仅是松下幸之助，比尔·盖茨、杰克·韦尔奇、董明珠、王健林、马化腾等卓越的企业家，也都曾经历逆境，然后又都勇敢地从逆境中站了起来。

在这里，我用曾经写过的一首散文诗，告诉你，在企业家成长的过程中，蜕变是多么的重要。

第二章 释放创新活力 从突破瓶颈开始

人在30岁之后
改变自己很难
多年的习惯
给了我们很多过去的标准
很难被打破
平庸的人找借口
成功的人找方法
平庸的人喜欢被认可
成功的人习惯去改变
普通人觉悟低
把赞美当奖励
是停滞不前
得到的是低能自满和贫穷
卓越的人有智慧
把批评当奖赏
每天在成长
得到的是事业、财富和成就
判断一个人的未来很容易
看一个人有什么样的思维模式
就知道是什么样的人生结局
这世界看似聪明的人很多
其实很多是小聪明
其实大都是笨蛋
大都是普通人
因为他们不愿意改变自己
普通人不愿意被改变
都是想改变外在的条件

来适应自己
结果自己被市场淘汰
而未来
来适应自己
不愿意改变自己
去适应环境
都是想
普通人都是想改变外在
来适应自己
不愿意改变自己
去适应环境
若要成长
需要极大的勇气
去面对自己的不足
方可主动觉醒
才能砸碎自己
实现重生
多少还需要一点魄力和勇气
而这一切
都需要战胜自己的怯懦和自卑
聪明的人不会有这么多理由
让自己变得无能
让平庸成为自己的标签
让贫穷伴随自己的一生
他们懂得凡事有因果
没有钱
是因为能力不够
能力不够

第二章 释放创新活力 从突破瓶颈开始

是因为成长太慢
成长慢
是因为学习不努力
学习不努力
是因为没有足够的压力和动力
没有足够的压力
是因为没有被逼上绝境
而没有足够的动力
是因为没有崇高的梦想和使命感
是因为没有足够的担当和责任
是因为心中没有炽热的爱
卓越的人生
依托卓越的品质
当你张开双臂愿意拥有爱、责任和担当时
就是你生命蜕变的开始
平庸的灵魂
造就平庸的生命
每个人都是踩着自己的尸体
才能完成蜕变
人只有具备自我批判
和自我否定的卓越品质
才能不断实现自我的突破
让我们在批判中重生
在逆境中觉醒
遇见未知的自己
预见未来的自我

我真诚地希望,所有的企业家都能在逆境中重生,在前进的道路上完成自我重建,成长为创新型企业家,用新的知识、新的思维、新的观念、新的能力去驾驭企业,引领未来,在未来站在时代的风口上,立于不败之地。

第三章
重塑你的思维方式

第四章
让创新成为企业的文化基因

颠覆式创新的力量

创新型企业家的特质可以用两个词来概括，一个是"颠覆"，一个是"创新"。颠覆式创新，就是创新型企业家的独到之处。

如今，创新型企业家已经成为时代的主流，在未来，创新型企业家还将成为主导企业成败的核心力量，成为企业家成长和发展的方向。我们可以看到，今天已经有很多创新型企业家，在各自的领域里做出了"极品"和"爆款"。

那么，创新型企业家究竟有什么与众不同的特质呢？我们用两个词来概括，一个是"颠覆"，一个是"创新"。颠覆式创新，就是创新型企业家的独到之处。

说到颠覆式创新，有一个人是无论如何也不能绕开的，那就是史蒂夫·乔布斯。他的创新理念彻底改变了苹果公司，也改变了整个世界。

乔布斯是苹果公司大大小小项目的主宰者，不符合他设计理念的产品，他绝对不让上市，不管这个产品花费了多少的心血。史蒂夫·乔布斯还直接参与很多重要产品的开发工作。从最初的概念到最后的产品上市，其中的每一个环节、每一处细节，乔布斯都会严格把关。他知道只有这样，所创造出来的产品才会更加符合自己最初的设想。

1998年，乔布斯投入了大量时间和精力研发的iMac正式投入市场。这款计算机风格独特，非常人性化。从设计上，该产品沿袭了苹果公司追求完美和大胆创新的理念。这是乔布斯一直提倡的，他用自己的人格魅力重新塑造了苹果公司的文化，让已经失去灵魂的苹果公司，在乔布斯的带领下看到了希望的曙光。

因为 iMac 的完美创新，刚一问世就受到了无数消费者的青睐，仅仅 6 周的时间就卖出了超过 25 万台。这之后 3 年里，iMac 总共卖出了 500 万台。这样的销量在当时简直就是一个奇迹。乔布斯再一次向世人证明了他的能力，苹果公司因为 iMac 的热销得以东山再起，乔布斯也再次成为人们崇拜的偶像。

在他人看来，仅用两年多的时间就带领陷入低谷的苹果公司走出困境，重获生机，简直是一个不可能完成的任务，但乔布斯做到了。乔布斯将自己的个性与苹果公司的运营完美地结合在一起，在外界看来乔布斯就是苹果，苹果就是乔布斯。

2007 年 1 月 9 日，是一年一度最令人期待的苹果 Macworld 大会。每次乔布斯都会展示一些苹果公司将要面市的新奇产品。众人翘首以待，今年会有什么惊喜呢？当乔布斯的主题演讲进入尾声时，他向人们展示了一款名为"iPhone"的产品，这是一款结合了 iPod、手机和互联网通信设备等功能的全新产品，按乔布斯的说法就是"革命性的移动电话"。

和乔布斯预料中的一样，iPhone 一经发布，便成了媒体的焦点。人们沸腾了，掀起了一股购买狂潮。许多人为了能够在第一时间买到这款产品，在苹果 iPhone 发售前一天晚上便在零售店前排起了队，销售异常火爆。其实，苹果 iPhone 系列的每款产品发售时都是如此，苹果粉丝们都是狂热地追随苹果系列的新产品。

乔布斯始终能站在科技领域的最前沿。在他的领导下，苹果公司开发出的高科技产品，款款都是经典，都透着乔布斯的智慧，简单、完美、随心所欲，这正是苹果公司的产品带给人们的感觉，也是乔布斯的终极追求。

在这个用户体验至上的时代，苹果通过视觉传达与技术功能的完美结合，真正使消费者享受到了从科技走向艺术的产品与服务，这显示了乔布斯不受教条束缚和创造新标准的精神，他在不断寻找最佳用户体验和不断调整商业模式的创新尝试中，开启了以数字技术为导向的科技革命。作为创新思维的引领者，乔布斯坚持以超常规甚至反常规的视角去思考问题、预见未来，他对新兴科技敏锐的直觉和创造力，使他成为一名睿智的技术专家和成功的企业家。

微信也是一款将颠覆式创新演绎得淋漓尽致的产品。腾讯靠一款免费通信软件起家，如今已经成为中国第一家市值超过1000亿美元的互联网企业。随着移动互联时代的全面到来，互联网时代的巨头都需要从PC端向移动端迁移，这是一道很难跨越的坎儿。腾讯的做法是以内部创业的心态，成立小项目团队，远离大企业文化的影响，像初创公司一样开始创新，最终于2011年1月21日发布了微信。

微信这棵小芽刚冒出时，很多人认为它没有生命力，当时以QQ为代表的通信工具如日中天。但令人意外的是，几年过去了，微信已经成为移动社交世界的王者，目前月活跃账户数高达十亿，腾讯也靠微信继续在资本市场中增加价值。

微信的颠覆式创新不是凭空想象的，而是有备而来。腾讯董事会主席兼首席执行官马化腾在接受专访时曾说，因为每时每刻都有新技术出现，所以公司要时刻保持警醒，并在全球范围内追踪最前沿的技术。互联网是一个瞬息万变的行业，腾讯注意到，短短几年间，互联网迅速由PC端转向移动端，移动化的大潮将很快袭来，公司决定打造纯移动的社交工具，微信应运而生。

现在，微信已经成为一种生活方式，更逐渐渗透到了各种社会场景及商务活动中，潜移默化地改变甚至颠覆了传统的商业模式。以前，人们到了餐馆之后，问服务员："今天有什么特价菜？"而现在，只需要打开微信，扫一扫餐馆的"二维码"，这家餐厅的特价菜、团购套餐和其他优惠信息一目了然。以前，人们通过家人、朋友打电话来传递信息，如果在外地，还需要缴纳高昂的"漫游费"，而现在，人们可以通过微信来发送文字、语音、视频等多种信息，即使对方暂时无暇他顾，过后也可以查看、收听、回复。以前，人们打商家的外卖电话或者登陆第三方网站订餐，而现在，只需要打开微信，找到饭店的公众账号、小程序，就可以方便、快捷地订餐。以前，人们要么到商场里，要么到购物网站去买衣服，而现在，在微信里就可以浏览商品信息，选择自己心仪的衣服，下单后不久，衣服就会送到你的手中。

从来没有一款产品能够达到如此宽广的用户维度：大学生们用它来与同学聊天、阅读、找工作，老师用它来与家长交流孩子在学校期间的表现，出租车司机用它来寻找乘客，月嫂用它来寻找主顾，记者用它来收集新闻线索，粉丝们用它来与偶像交流，企业家们用它来订阅财经杂志、收看每日推送的创业项目，退休在家的老人可以利用微信群来与家人交流、查看儿孙们的日常动态……无论男女老幼、无论身处什么行业的人们，微信都能为其提供"使用价值"。

另一个颠覆式创新的经典案例是特斯拉。如果有人问你世界上最酷的电动汽车品牌是什么，一半的人会回答你"特斯拉"。传统汽车企业靠成熟的内燃机技术积累独步天下，特斯拉"纯电动超跑"却实现了弯道超车。特斯拉是一辆酷炫的超跑电动汽车，这也是为什么它比其他的电动汽车企业更容易被人接受的原因。

2003年7月1日，在美国诞生了一个足以影响当代汽车格局的公司：特斯拉汽车公司。那时，美国的汽车城底特律集聚着众多世界知名的汽车公司，但特斯拉没有着陆在这个传统的工业城市，而是诞生于硅谷的中心地带。这让它从创业之初就显示出了与众不同的特质。或许，特斯拉注定要成为底特律的挑战者。

特斯拉的颠覆性意义，隐藏在"特斯拉"这个名字里，它取自伟大的物理学家尼古拉·特斯拉。特斯拉被认为是电力商业化的重要推动者，在电磁场领域有着多项革命性的发明，并因主持设计了现代交流电系统而广为人知。他的梦想就是给世界提供用之不竭的能源，而特斯拉公司的梦想则是利用这种能源，为人类提供便利。

特斯拉最早由马丁·艾伯哈德和马克·塔彭宁共同创立，2004年埃隆·马斯克进入公司并主导了A轮融资。从此，在马斯克这个"狂人"的引领下，特斯拉开始了自己的崛起之路。马斯克满怀自信地奔走在各大汽车厂商之间，向汽车界的大佬们推销自己的电动车规划，却连吃闭门羹。大家都认为谈论纯电动汽车还为时尚早。而在传统汽车领域都不看好电动车前景的时候，只有英国莲花公司向特斯拉伸出了橄榄枝。2005年，特斯拉与莲花签署产品合同，计划共同开发特斯拉的第一款车型。

2008年，特斯拉第一款汽车产品Roadster发布，定位为一款两门运动型跑车。Roadster的横空出世，在人群中引发了一场"特斯拉风暴"，无数人争相到展会上一睹它的风采。主办方不得不恳请特斯拉增派一辆Roadster来参展，并且承诺免除展示过程中的全部费用。于是，特斯拉在展销会场内搭建了一个大型展台，参观者接踵而至，展台前面人山人海，其中有些富豪当即签下了10万美元的支票，现场预订了Roadster汽车。据说，在那次展示会上，有30个人当场承诺将购买Roadster汽车，其中包括谷歌的联合创始人拉里·佩奇和谢尔盖·布林。2012年，特斯拉发布了其第二款汽车产品——Model S，一款四门纯电动豪华轿跑；后来第三款汽车产品豪华纯电动SUV车型（运动型实用汽车）Model X，于2015年交付。特斯拉的第四款车为Model 3，首次公开于2016年。

　　特斯拉的颠覆式创新，不止在于它旗下汽车那令人惊艳的外形，更在于其最核心的技术——独特的电池管理技术——将7000多块电池组合在一起，并通过芯片和感应器来管理这个电池组。这些感应器可以对每块电池的电流、电压、温度进行监测，此外，还有专门的烟雾和湿度感应器，一旦电池出现什么异常，比如燃烧或遇水，就会在毫秒之间关闭电池系统，这极大提高了电池的安全性和稳定性。可以这样说，如果没有这种独特的电池管理技术，就没有今天的特斯拉汽车。

　　要么颠覆，要么被颠覆。特斯拉生动地诠释了这句话。

　　如今，在我们的生活里，也出现了许多全新的概念。我们有了移动支付，正逐渐进入无现金社会；我们有了更便捷的网购，能从世界各地海淘；我们有了网约车和共享单车，习惯了共享出行模式；我们有了更大的网络热点覆盖，即使在高铁和飞机上也有WIFI；我们有了无数有趣或实用的APP，几乎满足了我们的所有需求；我们有了新媒体传播方式，手机和移动互联网已经深入我们生活的各个领域。

　　这就是颠覆式创新的力量。

偏执狂更接近成功

具备偏执狂思维方式的人,无论做什么事情都能做到极致,当他做到极致就会突破,那时同行业的其他企业会发现,质量比不过他,品牌比不过他,服务比不过他,产品更新换代也比不过他。

我们常说,创新型企业家的思维方式是驱动企业不断发展、不断进步的原动力。那么,一个企业家究竟具备什么样的思想内核,才能被称为创新型企业家,才能为企业带来颠覆式创新的结果、带来持续不断的发展呢?

我们先从一本书开始讲起。很多年前,英特尔的总裁安迪·格鲁夫曾经写过一本书叫《只有偏执狂才能生存》。这本书一问世便风靡全球,很多高科技公司的领导者都对这本书赞不绝口,如获至宝,他们从书中得到了深刻启发。

格鲁夫在书中写道:"我笃信'只有偏执狂才能生存'这句格言。我不记得此言出自何时何地,但事实是:一旦涉及企业管理,我相信只有偏执狂才能生存。"

什么是偏执狂?偏执狂就是非常极端、非常偏执的人。格鲁夫认为,只有这样的人才能带领企业走向成功。格鲁夫自己就是一个偏执狂。20世纪80年代,格鲁夫以他偏执狂的个性,引导英特尔实现了腾飞。

多年来,格鲁夫一直坚信并笃守了这一信条。如他所说"偏执狂的求生之道"："在雾中驾驶时，跟着前车尾灯的灯光行路会容易很多。'尾灯'战略的危险在于，一旦赶上并超过了前面的车，就没有尾灯可以导航，失去了找到新方向的信心与能力。"在格鲁夫眼里，做一个追随者是没有前途的。"早早行动的公司正是将来能够影响工业结构、制定游戏规则的公司，只有早早行动，才有希望争取未来的胜利。"格鲁夫就是以这一信条，领导英特尔走上了世界巅峰。

1968年7月，格鲁夫参与创建了英特尔公司；英特尔成立早期，在格鲁夫、诺伊斯和摩尔三人的合力掌控下，公司大步向前，他们三个人在管理公司的时候扮演着不同的角色，格鲁夫身上具有另外两人所欠缺的东西：无情、强硬的管理才能和执着、严谨的工作作风。诺伊斯是公司的外交家和业界英雄，摩尔是研究方面的天才，而格鲁夫能够做使企业走向成功所必须做的事。

格鲁夫经常扮演强硬派的角色，正如硅谷名人霍根所说："如果他母亲碍着他了，他也会把她解雇掉"。考克斯也说："你得理解这一切，诺伊斯是个很善良的人，这使他深受爱戴。因此，公司就得有人去鞭策和训斥后进员工，安迪正好擅长这一手。"1984年的《幸福》杂志，将其评为美国最严厉的老板之一。

1982年，美国经济形势恶化，公司发展趋缓，格鲁夫推出了他的"125%的解决方案"，但是仍无法抵挡日本厂商的进攻。到1984年，公司存储器业务衰退，生产出的产品像山一样积压在仓库里，资金周转困难，公司危机深重。

1985年的一天，格鲁夫与公司董事长兼CEO摩尔讨论公司困境。最后得出的唯一结论就是：放弃处理器业务，开拓微处理器。于是1986年，公司提出新的口号："英特尔，微处理器公司"。正是格鲁夫和摩尔这个天才般的决策，把握产业契机，使英特尔从一个二流的DRAM厂商转变为一个垄断性的CPU厂商。

1991年，为了把自己的处理器与来自对手的模仿品区分开来，英特尔启动了"Intel Inside"计划，后来随着"奔腾"芯片（Pentium）的成功而大行其道。"Intel Inside"的意义在于：它证明了微处理器厂商可以拥有独立的品牌，并直接影响它的消费者，然后让消费者凭借对CPU的需求来拉动PC的销售。在这之前，没有任何一个上游技术厂商能做到这一点，即使放大到整个商业史，也是一个创举。

有了微处理器这道护身符加持，英特尔的发展蒸蒸日上。1992年，英特尔成为世界上最大的半导体企业，而且与第二名的距离越拉越大。格鲁夫的传奇色彩也逐渐加深。因为英特尔已不仅仅是微处理器厂商，它逐渐成了整个计算机产业的领导者。

格鲁夫领导了这次生死攸关的大转折。他广泛接触公司的高管、中层经理和基层员工，诚心和他们交流，并向他们传达公司的意图，解释公司新的战略目标，而且他还每天花上两个小时，用电子邮件进行思想工作。最终，格鲁夫成功了。1987年，他又新添了一个重要头衔：CEO。也就是说，他成了英特尔名副其实的掌舵者。

1998年1月5日，是格鲁夫一生中最辉煌的时刻。他战胜了英国王妃戴安娜、克隆绵羊"多莉"之父伊安·威尔马特和美联储主席艾伦·格林斯潘，成为《时代周刊》新一期的世界年度风云人物。加上1997年英特尔辉煌的业绩，笃信"只有偏执狂才能生存"的他，至此登上了人生的巅峰。

为什么偏执狂能更接近成功呢？很多中国人或许并不能理解这一点。在中国做企业，要搞好方方面面的关系，要建立人脉，要拓展资源，要足够圆融，才能得到大家的认可。如果一个企业家是偏执狂，那就会被人们认为是一个极端分子，是一个与众不同甚至不合群的人，这样的人怎么能带领企业一直走下去？

其实，所谓的"偏执狂"，在我看来，就是在各行各业中能始终保持专注、执着与坚定，能做到极致化生存的人。这种人往往痴迷于工作，思想偏执，不近人情，脑袋只有一根筋，不懂得变通，但在他们身上有一股专注的力量，只要他们认准了目标，就会一条路走到黑，不到黄河心不死。只有保持这样的专注才能足够专业，足够专业才能做到极致，只有做到极致才能打造出顶尖的产品，做出常人做不出来的爆品，甚至是变革行业、改变世界的颠覆性创新产品。

具备偏执狂思维方式的人，无论做什么事情都能做到极致，当他做到极致就会突破，那时同行业的其他企业会发现，质量比不过他，品牌比不过他，服务比不过他，产品更新换代也比不过他，于是他就理所当然地成为龙头老大。

任正非就是一个"偏执狂"，他也一直努力把自己的员工培养成"偏执狂"，他曾经在华为内部转载了一篇关于"日本工匠精神"的文章，倡导每个华为人都学习这种工匠精神，追求极致。

关于华为人的极致精神，任正非曾经说过："华为没那么伟大，华为的成功也没什么秘密！华为为什么成功？华为就是最典型的阿甘，阿甘就一个字'傻'！阿甘精神就是目标坚定、专注执着、默默奉献、埋头苦干！华为就是阿甘，认准方向，朝着目标，傻干、傻付出、傻投入。华为选择了通信行业，这个行业比较窄，市场规模没那么大，面对的又是世界级的竞争对手，我们没有别的选择，只有聚焦，只能集中配置资源朝着一个方向前进，犹如部队攻城，选择薄弱环节，尖刀队在城墙上先撕开一个口子，两翼的部队蜂拥而上，把这个口子从两边快速拉开，千军万马压过去，不断扫除前进中的障碍，最终形成不可阻挡的潮流，将缺口冲成了大道，城就是你的了。这就是华为人的傻干！"

只有偏执狂才能成功，那么，现在先问问自己：你具备偏执精神吗？

极致性思维造就创新型企业家

专注一件事,并做到极致,一个企业家只有始终坚持这样的思维方式,才能成为创新型企业家,他的企业也才能战无不胜!

创新型企业家遵循的是一种共同的思维,那就是极致性思维。关于极致性思维,我要先分享一个故事。

有一个愚笨的人到处拜师学艺,但是哪个师傅也不愿意收笨徒弟。他只好缠着他们不放,有位师傅不堪其扰,就随手从地上捡起一根木棍,想教给他一招半式应付了事。但他转念一想:这个人实在是太笨了,别人要是知道自己有这个笨徒弟一定会笑话自己。他摇摇头,举起棍子大吼道:"去吧!"然后就把棍子扔到了远处。

笨徒弟看到这个动作,以为是师傅传授给自己的绝招,于是兴高采烈地离开了。后来,他就天天苦练这一招,时间一长,木棍换成了铁棍,而且铁棍的重量也在逐渐增加。

一天,师傅遇到了高手的挑战,徒弟们接二连三地被打败,最后师傅也败在了那位高手的手下。就在这十万火急的时刻,笨徒弟挺身而出。只见他两脚用力一跺,大吼一声"去吧",手中上百斤的铁棒就直冲那位高手飞了过去。那位高手来不及躲闪,重重地倒在了地上。

所有人瞠目结舌，谁都想不清楚，这个"笨蛋"怎么变得这么厉害了？

当年的傻瓜竟然成了大师，扔棍子变成了绝招，这就是持续付出的力量！世上根本没有速成的绝招，认认真真地把简单的事情做到极致就是绝招。无论多么简单的事情，只要你认真地去学、去做，就能变成拥有巨大能力的人。

今天的稻盛和夫，是被无数人所景仰的经营之神。然而在他年轻的时候，却曾经付出极为艰辛的努力，在取得了技术上的突破之后，稻盛和夫的人生才得以打开一个崭新的局面。

刚开始踏入职场的时候，稻盛和夫从事的工作让他觉得很乏味。他开始思考，是辞职离开公司，还是继续留在这里？想了很久，他决定，既然还没有找到一个充分的辞职理由，那就先放下这个问题，埋头工作吧。想清楚这一点后，他不再犹豫，把自己的全部精力都集中到手头的工作中来。当时，他的认真程度，用"极致"来形容毫不为过。

稻盛和夫的工作职责是研究最尖端的新型陶瓷材料，为了做好这项工作，他吃住都在实验室里，几乎把全部时间都投入到研究之中，到了废寝忘食的程度。为了补充专业知识，他订阅了与陶瓷有关的很多权威期刊，为了读懂这些杂志，他把辞典都快翻烂了，几乎所有的业余时间用来学习了。

功夫不负有心人，努力给他带来了丰厚回报：凭借自己出色的科研成果，他成为无机化学领域冉冉升起的一颗新星。不仅得到周围人的认可，连刚进公司时产生的辞职想法以及对人生的迷茫与困惑也都随之烟消云散了。工作对于他来说，已经成为越来越有趣的一件事。稻盛和夫认为，就是从那之后，他的人生步入了良性循环。

不久之后，公司给他安排了一项新任务：研究并开发一种叫作

"镁橄榄石瓷"的新材料。这种材料在当时还没有合成成功的先例，因此，不管是对于他个人还是公司来说，这项研究都是十万火急而又挑战性极大的。公司的设备并不齐全，稻盛和夫没有因此而气馁，他更加努力，不分昼夜地反复试验。最后，他终于成功合成了"镁橄榄石瓷"，这是他人生中的另一里程碑式的成就。后来他才了解到，全世界能成功合成"镁橄榄石瓷"的，除了他之外，只有美国的通用电气。稻盛和夫的经历，说明了做到极致就是成功的奥秘。

无独有偶，在日本，还有一个人也是因为懂得了这个奥秘而创造了奇迹。日本有一种神奇的苹果，叫"木村的苹果"。人人都想吃"木村的苹果"，但要吃到这种苹果，在法国餐厅得提前三个月预订，如果要吃新鲜的，就得提前一年。"木村的苹果"神奇到什么地步？据说放两年都只会干瘪，不会烂！

可是，没有多少人知道，那个叫木村秋则的果农，为了培育出这种完美的苹果，受了多少挫折，吃了多少苦头。可以说，木村秋则苹果的问世，就是把平凡的事做到极致所带来的奇迹！

1949年出生在苹果产地青森县苹果农家庭的木村秋则，是家里面的次子，成年后和许多年轻人一样去东京打拼。原来不打算从事农业的他，却在22岁那年遇到了同为果农后代的美荣子，两人婚后一起经营果园。他阅读了《自然农法》之后突发奇想：为什么不能种出不施农药、化肥的苹果呢？想到他就开始做了，但这个"傻瓜"怎么也没有想到，这条路竟然如此艰难。

他在自己种植的苹果树上停止使用农药后，害虫不断，果树全变成了"虫子树"，枝干上长满了各种害虫的幼虫。木村秋则不得不带着家人不分昼夜地在果园里除害虫。因为虫害泛滥，果园绝收，木村秋则损失惨重，全家的生活陷入窘迫之中。此时家人都劝他停止这种荒谬的尝试，但木村秋则固执地坚持。

为了继续种植果树，木村秋则不得不变卖家产，到处借贷。但他始终没有轻言放弃，他的脑子里每天都在想：到底怎样才能改变这种情况？他时常默默地站在苹果树旁，对它们自言自语："都是我不好，让你们受这么多苦。我不要求你们开花，也不要求你们结果，只要你们别枯掉就好了。"

邻居们对他十分不满，因为他的果树上长满了虫，有些害虫就爬到了邻居的果园里，害得他们的苹果也长不好。村子里的人都在背后笑话他，说他中了邪，还给他起了一个外号叫"灭灶"，意思是说连炉灶都灭了火，这意味着家庭已经支离破碎，难以为继了。试想谁能忍受这样的侮辱？

虽然木村秋则想尽办法，投入了自己的全部心力，但苹果树们还是越来越枯萎。绝望之中，木村秋则甚至想过自杀来解脱。就在那个绝望时刻，一棵野生的栲树出现在他视野里。他看到栲树生长得很茁壮，信心再次涌上了他的心头：栲树可以，苹果树也一定行。于是他放弃了自杀的想法，重新开始了尝试。

木村秋则尝试着在苹果树下种植杂草，让小昆虫、小动物自由地在果园里出入，让这些植物和动物们去建立一个完整的生态系统。他还在果园里种植大豆，用大豆根部的根瘤菌来为苹果树提供天然的养分。另外，他还用自己调配的醋来代替农药杀虫。

皇天不负有心人，在停止使用农药的第八年，果园里终于开出了七朵苹果花，其中有两朵结了果。这两个苹果是木村秋则多年来的唯一收成。木村秋则把苹果切开，和全家人一起分享。苹果的美味让他们回味无穷，也使木村秋则看到了黑暗中的一丝曙光。第九年，木村秋则的苹果树上全都开满了美丽的苹果花，到了第十一年，他的果园终于获得了大丰收，他的苹果也一举成为市场上最畅销的明星品牌。

前人无数次尝试过苹果无农药、无肥料栽培，都失败了。大家都

是在尝试四五年后选择了放弃。木村秋则却像个傻瓜一样,苦撑十一年。木村苹果的问世,不是因为机遇,不是因为天赋,仅仅是因为他把种苹果这件事做到了极致。

　　专注一件事,并做到极致,一个企业家只有始终坚持这样的思维方式,才能成为创新型企业家,他的企业也才能战无不胜!

创新型企业家

改变思维方式，创新无处不在

企业家要想把握颠覆式创新的力量，让自己的企业拥有核心竞争力、处于不断发展之中，必须从改变自己的思维方式开始，必须具备创新型思维和颠覆式思维。

在中国，很多人的思维、性格都是"中间派"。这样的人，善于权衡利益关系，懂得圆通处世之道，但在创新方面非常乏力。他们打造的产品没有特色，他们的企业也很难突围。

所以，中国企业家要想转变为创新型企业家，需要改变这种中庸的思维方式。

企业家的行为决定了企业的结果，而企业家的行为是由企业家的思维方式来引导的。有什么样的思维方式，就会造就什么样的企业家。极致性思维方式能造就极致性的创新型企业家。所以，我们说，在背后支撑创新型企业家的，是他们的极致性思维方式。

百度的创立者李彦宏，就是一个拥有极致性思维方式的人。他曾经这样评价自己："我是一个非常专注的人，只要认定目标就绝不改变，直到将其实现。"还在读大三的时候，李彦宏就已经为自己选好了未来的路——出国留学。为此，他过起了"教室—图书馆—宿舍"三点一线的生活，托福、GRE等资料被他啃了一遍又一遍，每天空闲时间不是在自习，就是在去往自习的路上。后来，他终于如愿以偿。

来到美国以后，很多留学生被外面的花花世界所诱惑，导致无心学习，但李彦宏没有。他一如既往地苦学，白天认真听教授们讲课，晚上利用业余时间恶补英语，甚至还熬通宵写程序，他的心里只有一个目标——在技术上更精进一些。

八年后，李彦宏放弃了在美国的优越生活环境，怀着一个"科技改变生活"的宏伟梦想，回到国内创办了百度。创业之初，百度的主营业务是为当时热门的搜狐等门户网站服务，向它们提供精准的搜索引擎技术。凭着对搜索引擎的专注，百度居然熬过了互联网的寒冬，并且抢占了市场上 80% 的份额，但是，没有实现盈利。

此时，李彦宏意识到，做搜索技术提供商并没有发展前景，百度应该走的路是像 Google 一样做独立的搜索门户网站。他的想法在当时还是比较超前的，因此，遭到了董事会的一致反对，他们把这视为"疯狂、不理智的冒险"。李彦宏一下子爆发了，他颠覆了自己原来民主、平和的形象，激烈而又执着地与董事会争论，直到他们妥协。

这一次的百度转型，很多人都认为李彦宏太傻了，放着巨大的市场份额不做，干吗要去冒险。对此，李彦宏说过一句话："认准了，就去做，不跟风，不动摇。"

看好了搜索引擎市场，也就找到了目标，一旦确认这一点，李彦宏的心就变得像花岗岩一般坚硬。就算外界有再多的利益诱惑，就算朋友们出于好心一再向他推荐"赚钱门路"，就算其他人相继开始多元化之路，李彦宏也不为所动，一心专注于中文搜索。

李彦宏受邀参加了北大本科生毕业典礼的时候，面对无数年轻人，曾经说了这样一番话："有时候，我认为百度能够一如既往地坚持做搜索，是出于我对专注的那种宗教般的信仰。一般人很难想象，对于一个拥有上亿用户的企业来说，每天会有多少诱惑。百度能做一百件事，但我们只选择其中一件，而且一做就是很多年，并且还会一直坚持到底。"

传统企业家的思维方式已经落后了,他们是过去式思维,是保守思维,这样的思维方式只能使他们带领企业走向衰退与失败。企业家要想把握颠覆式创新的力量,让自己的企业拥有核心竞争力、处于不断发展之中,必须从改变自己的思维方式开始,必须具备创新型思维和颠覆式思维。只有具备这样的思维方式的时候,才能拥有成长为创新型企业家的能力,未来才有可能做出颠覆式创新的事情,也才能通过持续不断的创新来获得主导企业未来成败的核心力量。

互联网时代,我们必须与时俱进,让根植于大脑内部的思维方式发生天翻地覆的改变!

第四章
让创新成为企业的文化基因

第五章
激活企业家精神,点燃创新引擎

企业竞争的最高境界是文化的竞争

> 企业有不同的文化，就会有不同的价值观。不同的价值观，又会分裂出不同的思想；不同的思想，会汇聚不同的人；而同一份事业，不同的人会干出不同的结果。

我们都知道，不同的企业文化会滋养出不同的企业。如果把企业比喻成一棵树，那企业文化就是土壤和水分，它们的肥沃程度决定着一棵树的茁壮程度。所以，文化就是企业生存和发展的一个大的环境，文化的竞争是企业竞争的最高境界。

企业文化为什么如此重要？我们可以从一个逻辑来回答这个问题。一个人的结果取决于他的行为，一个人的行为，取决于他的思想，一个人的思想取决于他的思维方式，而主导一个人思维方式和思想的，就是文化基因。企业也是如此。企业有不同的文化，就会有不同的价值观主导；不同的价值观，又会分裂出不同的思想；不同的思想，会汇聚不同的人；而同一份事业，不同的人，会干出不同的结果。

IBM公司大中华区首席执行总裁钱大群曾经对IBM所经历的三个企业文化时代进行过总结。

在IBM的创始家族沃森那里，他们用三句话把IBM的员工凝聚在了一起。

在20世纪中期，"尊重个人、追求卓越、服务顾客"成为IBM的基本信仰。当时正处于大型机时代。IBM主要是依靠大型主机技术方面的领先技术、产品,以及服务人员的专业技能来赢得客户。那时还没有通用型计算机,每台计算机都是独一无二的,连操作系统和应用软件都是单独编写的。每个客户的系统都不一样,而他们的服务人员也是相对长期和固定的。在这样的市场状况下,具有专业技能和应用经验的员工无疑是公司最可宝贵的财富。公司要在市场上具有竞争力就必须保持大量优秀人员的稳定。"尊重个人"得到了充分且完美地演绎。用现在人的眼光来看,那时的IBM真是"大锅饭"的天堂,福利待遇好得出奇。其实在我看来,是否"大锅饭"并不重要,重要的是一种适合公司所处市场特点,能够帮助公司保持并促进核心竞争力的措施就是好措施。"尊重个人、追求卓越、服务顾客"是最适合当时状况的,而事实也证明了一个正确有效的企业价值观的作用是巨大的。IBM正是在这三句话的激励下高挂云帆,成为世界计算机技术发展的领航企业,达到了大型计算机时代的巅峰。

到了20世纪末,世界的科技潮流变了。通用计算机小型机和个人电脑的兴起使得计算机市场迅速扩展,客户类型变得复杂多样了,客户也有了更多的选择。计算机行业逐渐从卖方市场进入买方市场,仅仅依靠产品技术和人员的资历已经不能赢得客户的欢心了。这次,IBM的动作慢了。由于对市场的误判,IBM开始走下坡路,并且其长久以来所信奉的基本信仰的负面影响也日益显露,比如精益求精反而成了对技术的固执,造成决策缓慢,甚至决策流产,过分相信自己的行业经验等。

专家使IBM忽略了对客户需求变化的关注,失去了敏锐的市场适应力;尊重个人则使公司失去了优胜劣汰的选拔机制,或者无法贯彻公司的决定。而这时候,路易斯·郭士纳临危受命,成为IBM的新董事长兼CEO。郭士纳对IBM进行了一系列业务和管理制度的改革与调整,成功地实现了从生产型企业向同时出售硬件、网络及软件整体解决方案的供应商的转型，重新塑造了IBM的竞争力。

今天的IBM，是一个时时刻刻都在思考创新的企业，不但在自己的企业内部创新，而且还联合全球不同行业的专家、学者和官员们协作创新；IBM提供给客户的不是单纯的软硬件产品或解决方案，而是应用了产品和服务之后，客户竞争力的增强；IBM也不仅仅关注自身企业的发展，而是关注如何与各国政府和企业一起协同合作、共谋发展。

简单地说，今天的IBM，所"出售"的并不是看得见、摸得着的IT产品，而是着眼于用IBM的种种优势（这些优势包括产品、技术、服务以及IBM在商业和各行各业积累的敏锐洞察力和经验）能够给客户带来什么样的价值。这种价值多种多样，可能是政府在民众心中的形象提升，可能是企业业务模式的顺利转型，可能是科研单位更有效地利用资源，可能是帮助公司降低内耗，提高管理能力等。这些无疑比以前IBM所出售的"产品"要复杂得多。

2003年，IBM在全球展开了72小时的即兴大讨论，32万名员工一起在网上探讨什么是IBM的核心价值，怎样才能让公司运作得更好。讨论的结果是，员工们一致认为"创新为要""成就客户"和"诚信负责"是对IBM现在和未来最为重要的三个要素，于是顺理成章地，这三个要素上升为IBM的价值观。IBM希望成为一个全员创新的公司，成为客户首选的创新伙伴；希望通过努力，不仅是IBM自己获得成功，更重要的是帮助客户取得成功；最后，"诚信负责"，则是IBM无论在哪个国家和地区，都能成为当地国家资产的一部分，成为政府和客户最值得信任的伙伴。

不同的时代，IBM的价值观都在适时而变，而且总能对企业的业务产生巨大的推动作用。

其实，不只是IBM，纵览世界上的知名企业，几乎每一个企业的领导者都在大力强调企业文化的影响力，都希望能够在自己的企业里建立一个良好的企业文化和一致的价值观。我们可以来看一下那些知名企业的文化。

戴尔公司的企业文化：戴尔通过重视事实与数据，建立对自我负责的信念来凝聚所有戴尔人。

杜邦公司的企业文化：安全、健康和环保、商业道德、尊重他人和人人平等。

飞利浦公司的企业文化：客户至上、言出必行、人尽其才、团结协作。

福特汽车的企业文化：客户满意至上，生产大多数人买得起的汽车。

丰田公司的企业文化：上下一致，至诚服务；开发创造，产业报国；追求质朴，超越时代；鱼情友爱，亲如一家。

本田汽车的企业文化：实现顾客利益的最大化。

爱立信的企业文化：专业进取、尊爱至诚、锲而不舍。

联合利华的企业文化：以最高企业行为标准对待员工、消费者、社会和我们所生活的世界。

柯达的企业文化：尊重个人、正直不阿、相互信任、信誉至上、精益求精、力求上进、论绩嘉奖。

正是在企业文化的指引之下，这些世界知名企业才能取得今天的辉煌成就，企业文化对企业的长远发展至关重要。

创新型文化造就创新型企业

今天,创新型文化已经为企业变革带来的巨大动力,推动企业的发展,推动产业的升级,推动社会的进步。

今天,世界上存在着两种类型的经济,一种是市场经济,一种是计划经济。在这两种经济体制的背后,也有两种文化基因,一种是创新型文化,一种是传统文化。

所谓传统文化,对我们中国而言可能更容易理解。中国的面子文化、权谋文化、厚黑文化,都是传统文化的组成部分。传统文化有精华,也有糟粕,需要我们辩证地看待。

创新型文化与传统文化截然不同,它是市场型文化,强调的是以人为本,以事为中心,重视协作、创新、分享、共赢,专注事物的发展和本质,并不断追求突破。而传统文化则是强调以人为中心,重视的是权力、资源与关系。

小米就是创新型文化和互联网结合的一个经典范本。小米上市后,很多人将小米奉为传奇,但小米的成长也是一路坎坷,并非一帆风顺。之所以能取得今天的辉煌,正是雷军不断调整战略布局,以创新保持竞争优势的结果。

雷军最初为小米制定的战略布局是"流量分发,服务增值"。在创办小米之前,雷军以天使投资人身份投资了凡客、乐淘、拉卡拉、UC、可牛等几十家公司,涵盖移动互联网、电子商务和社交三大领域。2011年雷军成立顺为基金,投资了无忧英语、阿姨帮、雷锋网、载乐、丁香园、微聚等互联网公司,涵盖在线教育、移动电商、医药垂直平台、本地生活服务、社交等热门领域,作为创始合伙人兼董事长,投资方向和策略都由雷军掌控大局。

围绕小米的战略布局,金山软件、猎豹移动、欢聚时代、雷锋网、乐淘、迅雷等"雷军系"都成为小米流量入口、应用软件、增值服务的棋子,即使小米手机不赚钱,靠系统内的业务支撑也能实现盈利。这项战略成功的标志事件是2011年8月16日小米手机发布会暨MIUI周年粉丝庆典,MIUI用户突破50万。

在这个战略中,MIUI、米聊两款软件是雷军最为重视的支撑点。然而天有不测风云,微信横空出世,并且在一年内注册用户量突破3亿,而米聊还不足其十分之一。雷军被迫调整战略,学习苹果走单品扩张之路,一年内陆续推出电视盒子、路由器、智能电视、平板电脑,其中标志性事件是2013年7月31日发布红米手机,雷军为此不惜食言"不考虑中低端的配置"。与此同时,小米先后进军香港地区和台湾地区市场,并布局新加坡、马来西亚、印度尼西亚、泰国等国家,在众多区域全面铺开。结果扩张并不成功,路由器、智能电视、平板电脑都没有获得"期待中的成功",海外市场也举步维艰,小米陷入混乱与麻烦之中。这是小米的第二次战略转型。

所幸的是,左冲右突的迷乱状态并没有持续太长时间。虽然雷军公开鼓励"互联网+",却在战略上开始做"互联网—",收缩战线,转而打造"生态链",启动第三次战略转型。2014年11月,雷军宣布"未来5年将投资100家智能硬件公司,小米模式是完全可以复制的"。一个月后,2014年12月14日,小米以不超过12.66亿元入股美的。另外,雷军还请来新浪总编辑陈彤负责内容投资和内容运营,并入股优酷、爱奇艺、荔枝FM等优质音视频内容公司。至此,小米边界分明，只做手机、电视、路由器三大产品线，掌控小米网、MIUI、供应链等核心环节，形成软件、硬件、服务、内容等"生态链"系统。

而小米的第四次战略布局几乎同时进行，不过是雷军基于未来三五年的考虑。2014年12月3日，金山、小米联合向世纪互联注资近2.3亿美元，这意味着小米已瞄准未来的战略方向——云服务和大数据。小米通过"生态链"系统连接一切可以连接的智能设备，接入点越多，护城河就越稳固，平台的价值越高。大量终端数据汇聚小米，最终建成一个数据采集和服务中心。小米转型成为一家数据公司。

小米的第五次转型更像是一次战略聚焦。2015年，小米巩固融合三大生态圈：第一个是移动互联生态圈。MIUI在小米设备上创建生态圈，作为一个入口，整合其他应用软件。第二个是智能终端生态圈。以智能手机、路由器、智能电视乃至未来的笔记本电脑作为核心，整合智能家居、办公室等各种生活场景，继续打通"生态链"。第三个是小米互联网平台。以小米官网为核心，与阿里巴巴、京东、苏宁等电商平台合作拓宽渠道。鲜为人知的是，小米网不知不觉间已成为中国第三大电商平台。

由于2015年小米业绩增长缓慢，2016年雷军启动第六次转型。2016年3月底，小米发布全新品牌"米家"，雷军宣称"小米要做的是科技界的无印良品"，核心内容就是打造50到100个小米生态链产品，以接近成本价销售，最终构建一个移动互联网平台，靠增值服务赚钱。为此，小米未来5年将通路重点放在线下门店小米之家。雷军说："计划每个月开5到10家，用3到4年的时间开1000家店，做到400亿元到500亿元的零售额，而且不加盟、不挂牌。""米家"与"小米之家"双轮驱动，"科技界无印良品"背后，是雷军将小米打造成世界效率的零售连锁店集团的雄心。

  小米的六次转型,源于雷军的六次创新。也正是在不断地调整、创新商业模式和战略布局的过程中,小米才成长为一个庞大的商业帝国,成长为"中国智造"的典范。

有创新，企业才有未来

开拓创新能力是每一个成功者都需要的素质。跟着别人跑的人，永远只能是第二名。敢于超过跑在最前面的人，才是真正的勇士、强者。

一个企业，最大的对手不是其他的企业，而是自身。只有不断地创新，才能更好地适应市场，才能立于不败之地。因此，不断进取的创新开拓能力是企业家必备的领导力之一。"一群狮子被一只绵羊率领，就会变成一群绵羊；一群绵羊被一只狮子率领，就会变成一群狮子。"尤其是在这个科技迅猛发展、信息瞬息万变的时代，企业家如果没有足够的创新开拓精神，就无法适应形势的变化，更谈不上带领企业走上高速发展之路。而如果企业家勇于开拓，有一颗永不言弃的进取心，那么，任何艰难困苦、落后保守都无法阻挡企业奋力前进的脚步。

在计算机领域里，有一个众所周知的"摩尔定律"，它是由英特尔公司创始人之一戈登·摩尔在1965年4月的时候提出的。"摩尔定律"的内容是：集成电路芯片上所集成的电路的数目，每隔18~24个月就翻一番。微处理器的性能每隔18~24个月提高一倍，而价格下降一半。用1美元所能买到的电脑性能，每隔18~24个月就会翻两番。

"摩尔定律"所阐述的理论一直到现在仍为人津津乐道，而且实践证明，它是非常准确的。也许正是由于对摩尔定律了如指掌，比尔·盖茨才会在微软最鼎盛时期仍然一再强调:"微软离破产永远只有18个月。"想要长久保持企业的优势,微软必须学会创新。实际上,在领导微软的过程中,比尔·盖茨一刻也没敢停止创新,他把创新当成微软发展的原动力,并让创新成为微软公司的一种核心文化,让每一个微软的员工都能够自由选择自己可以创新的领域,为他们提供丰厚的条件,让他们发挥自己最大的才干。

对比尔·盖茨来说,在这个时代,每一个新技术的出现,都相当于微软的一个助推器。因为利用这些新技术以及新产品,微软就能够通过研发新软件的方式快速进入新领域。比尔·盖茨曾经说过:"微软的成功诀窍之一,就是在条件允许的情况下提速,走在别人前面。"

有人会认为,微软没有自己的技术,所有的核心技术都是从别人那里得来的,Windows的前身MS-DOS系统自不用说,Office软件和浏览器是尾随莲花和网景公司才开发的。这实际上是一种误解,何谓"创新"?难道学习别人的技术然后进行改造不是创新吗?更何况,改造后的技术比前人的更强大。微软的特长,就在于整合现有资源和学习他人技术之后的创新。

而且,微软在许多方面还做出了骄人的成就。当早期的BASIC产品中获得成功后,微软开始投入到MS-DOS的研发。MS-DOS成功后,微软立即将资金和人力投入到新技术的研发中,并成功推出了Office系列软件产品。随后,微软又利用Office等软件获得的积累,开始了Windows NT、Window98、Windows 2000、Windows XP等新一代操作系统的研发。当网络浪潮到来之时,微软不失时机地跻身网络研发领域,并不断推出新的产品。时至今日,微软又把大量资源投入"无缝计算"的核心方向,在发展MSN、移动软件、数字电视、XBX、高可信度计算、自然用户界面等方面不断创新。

三十多年前,比尔·盖茨为微软提出的前景目标是"让每个家庭和每张办公桌上都有一台电脑"。当时这是一件几乎不可能完成的任务。然而，现在看来，这个目标并不遥远；发展到现在，微软公司又提出了一个新的目标，那就是"通过优秀的软件，在任何时间、任何地点、通过任何设备，帮助人们发挥潜力"。从这一点也可以看出，创新是微软的核心价值观。

通过这个例子，我们清晰地认识到，开拓创新能力是每一个成功者都需要的素质。跟着别人跑的人，永远只能是第二名。敢于超过跑在最前面的人，才是真正的勇士、强者。

在当前社会，已经形成了一个竞争与合作并存、以信息和知识为基础的全球化市场经济。为了在全球化经济浪潮中占据一席之地，作为企业领导者的企业家，必须具有极强的创新能力以及创新思维，只有这样，才能在日益激烈的竞争中掌握主动权，引领企业走向成功。

第五章　激活企业家精神，点燃创新引擎

第六章　把握思想内核，激发创新源泉

企业家有使命感，企业才能走得更远

一个企业家，只有拥有伟大的使命感，才有可能成为伟大的企业家。而所有伟大的、卓越的公司，在其经营过程中，都体现着强烈的使命感。

企业家的成长与成功，离不开思想的核心和动力，同时也缺不了精神的内涵。一流的事业，是由一流的精神状态造就的。事实上，很多有形价值的发挥，诸如产品的发掘，都源于无形价值的推动。

作为一个创新型企业家，需要具备什么样的精神内涵呢？

走进创新型企业家的精神世界，我们会发现，他们所具备的第一大精神内涵要素，就是使命感。

一个企业家，只有拥有伟大的使命感，才有可能成为伟大的企业家。而所有伟大的、卓越的公司，在其经营过程中，都体现着强烈的使命感。

对于创新型企业家来说，做企业不是为了赚钱。如果只是为了赚钱，他开一家面馆，等到生意红火形成品牌之后，把它扩张到三五家，一年赚个几百万、上千万，轻轻松松出国旅游，一辈子不愁吃不愁喝。他不必劳心劳力把自己的企业做大做强，因为企业做大了会累，会透支一个人所有的时间、精力，甚至让他失去私人生活，失去陪伴家人的机会。我们看到，现在的很多企业家为了把企业做好，搭上了自己的青春年华，背负着沉重的责任和压力，忍受着无数人的责难，无休止地奔波在解决各种难题的路上。

为什么这些企业家已经赚到了足够多的财富，仍然愿意不断地付出、不断地拼搏？原因只有一个：他们有强烈的使命感，正是在这种使命感的驱使下，他们不断要求自己必须承担起更多的责任。

阿里巴巴的创始人马云，一再声称自己是个平凡的人，他能做出不平凡的事业，一切皆归功于他的使命感。

1999年2月21日，农历正月初六，在杭州西湖一个叫湖畔花园的小区，16栋3层，18个人聚在一起开了个动员会。屋里几乎家徒四壁，只有一个破沙发摆在一边，大部分人席地而坐，马云站在中间讲了整整两个小时。合伙人彭蕾回忆说："几乎都是他在讲，说我们要做一个中国人创办的世界上最伟大的互联网公司，张牙舞爪的，我们就坐在一边，偷偷翻白眼。"

后来人们通过阿里巴巴创业史的视频发现，马云那两个小时的演讲主要围绕理想、使命、精神展开。

"如果说第一，我们把阿里巴巴定位为国际站点，而不是国内站点。第二个，我们要学会硅谷那种拼劲，如果我们是早上8点钟上班，5点钟下班，这不是搞高科技，绝对不是我们阿里巴巴的精神，如果以这种精神工作，赶紧去其他地方。人家美国人强就强在硬件，强就强在他们在系统方面确实比我们高，但是玩信息、玩软件，中国人的脑袋绝不比别人差。我们在座的所有人的脑袋绝不比任何人差，这就是我们敢跟美国人斗的机会。我们绝对敢斗，如果我们是好的团队，知道自己想做什么，我相信我们能以一当十。我们能够赢那些机构，能够赢其他很多民营企业，凭的是我们的精神，我们一手的创新概念，以及我们这种拼劲，才能去斗。否则的话，跟他们有什么区别呢？"

那时候这些人每个月拿 500 块钱工资，两三个人在一起合租，吃 3 块钱的盒饭。然而，就是在如此艰难的情况下，马云却喊出"要建成世界上最大的电子商务公司，要进入全球网站排名前十位"的宏大口号！

2001 年，马云在纽约有幸参加了克林顿夫妇的早餐会。在那次早餐会中，马云与克林顿夫妇进行了一次愉快的交谈。克林顿说，美国无论是经济还是政治、军事在全世界都是一流的，没有可以模仿和借鉴的对象，那么美国到底应该怎么走？作为美国总统该把这个国家往哪儿带？依靠什么力量引导美国前进呢？答案很简单，是使命感引导美国向前走。

听到此番言论，马云犹如醍醐灌顶。他想到中国的互联网公司可以模仿雅虎、美国在线、亚马逊，但阿里巴巴能去模仿谁？一流的公司不应该是他人的复制品，所以阿里巴巴也要跟着使命感走！

马云进一步确立了公司的使命感，在使命感的牵引和感召下，阿里巴巴制定了自己独特的价值观，在阿里巴巴，价值观是决定一切的准绳，招什么样的人，怎样培养人，如何考核人，都要坚决、彻底地贯彻这一原则。从此，不乏激情的阿里巴巴，有了愈发明确的方向感。

2003 年，阿里巴巴在 B2B（企业对企业）领域发展已经是很好了。怎么走下去，马云很迷茫。因为当你站在第一的位置上的时候，往往不知道该往哪里走，因为第二、第三可以跟着第一走，但是第一没有参照。此时的马云，正是凭着强烈的使命感，做出了一系列指引阿里巴巴未来发展方向的决定。

2004 年，阿里巴巴重新确定公司目标：第一是做 102 年的公司；第二是做世界十大网站之一；第三是"只要是商人，一定要用阿里巴巴"。

2016年，在湖畔大学的网络公开课上，马云再次对使命感进行了精彩阐述。

做战略，第一个问题，先想明白：你有什么、你要什么、你能放弃什么。我把这称之为"使命感"。只要是一个组织，他要能生存下来，一定是有一个坚强的使命。

我跟阿里巴巴招来的员工讲两个公司，一个是通用公司（通用电气），一个是迪士尼。通用公司在100多年前创立的时候，那时候爱迪生发明了电灯泡，他们公司第一个使命就是"让天下亮起来"。那个时候的电灯泡，大概只能亮两三分钟，灯丝马上就烧没了。所以每个人进来，从老板到员工，到管传达室的，都希望这两分钟的亮，能做到20分钟。招进来的人，都是认同这个事情。通用公司到今天为止，一切都围绕着电气。加入这家公司的人充满着"我的工作是让世界亮起来"的荣耀感。迪士尼的使命是 make the world happy，让世界快乐起来。所以他们最早招进来的员工都是很开心的人，悲观的人没办法进这个公司。他们的戏剧、电影，所有东西都是让大家开心。如果你有这样的使命，你招聘的角度是完全不一样的，你建的组织是完全不一样。

我们有句古语叫物以类聚、人以群分。如果你没定清楚，很多人是为老板打工，基本上就死了。我最怕阿里巴巴的人进来是为马云打工，那是很累的。我们共同确定为什么要有这家公司。所有的人围绕这个使命去打工，我也一样。我在公司5年、15年，所有做的一切都是围绕我们共同的使命展开。

你的使命很庸俗，你招不到好的人。很高大，那些实实在在的人又不来。你一定要想明白你到底有什么、要什么。我去看一家公司的时候，无论创始人讲得多好，我比较关心的是，他身边的人，到底相不相信他讲的东西。阿里巴巴的使命是让天下没有难做的生意，这个使命听起来好像很宏大，但是你真正相信，才会有人也相信。你老板不相信，那你下面基本上就会垮掉了。

使命在公司生死攸关、重大利益抉择面前，才会显现价值，平时并没有那么大作用。使命不是写在墙上给别人看的，是刻在骨子里面的。使命不分公司大小，就算是开个饭馆卖馄饨，你的馄饨就是让吃过的人都高兴，你会想出一切办法让他高兴。这个是变态的，是一种变态的执着和热爱，我们叫超常态，没有这种东西，你是不可能在后面孤独的路上走下去的。

很多企业看上去是缺乏资金，然而从本质上来说，缺的是对社会的使命感。马云在创业初期，像大部分企业一样，特别缺乏资金，但是他具备了绝大部分企业缺乏的对社会的使命感，所以孙正义看中了马云，就像硅谷的风投看上了史蒂夫·乔布斯的"我要改变世界"的使命感一样，因此我们可以说，使命感才是企业稀缺的资源。正是因为马云有这样的情怀、这样的使命感，才使得阿里巴巴立足中国、走向世界，成长为今天的巨头。

企业的成功，表面上看起来是财富的积累，背后隐藏的却是使命感的成功。为了实现自己的使命，企业家们才会放弃安逸的生活，面对发不起工资的压力和破产的风险，不断努力，坚持奋斗与拼搏。因为对使命的追求会产生一种超越现实、超越自我的力量，正是这股力量让他们坚持，正是这股力量让一个企业实现从无到有、从弱到强、从小到大的成长，甚至发展成为世界级的大型企业。

一个没有使命感的人，是不可能成就大事业的。一个没有使命感的企业，也是不可能成为规模庞大、利润倍增的卓越企业的。所有成功的企业，必须具备从普通到优秀、从优秀到卓越的不断蜕变的能力，必须具备从小公司到大公司、从中国 500 强到世界 500 强的持续进化的能力。而促使企业不断成长的力量，并非源自金钱，而是源于使命感。企业家有强烈的使命感，企业才能走得更远。

第五章 激活企业家精神,点燃创新引擎

勇于承担责任

> 当你把企业做大之后,这个企业就不是你的了,它是国家的企业,是社会的企业。所以,所有的企业家都应该承担社会责任,都应该为国家经济繁荣做贡献。

创新型企业家的第二个精神内核,是责任。我们常说"责任"这个词,但能做到的人很少。而那些能做到的人,最终都获得了成功。

我先来讲一个故事。

在20世纪20年代的某一天,一个美国小男孩和他的小伙伴们正在一片空地上踢足球。球传到了这个小男孩的脚下,他伸出右腿,猛地一下把球冲着球门踢了出去。不幸的是,球并没有如他所愿,而是直直地飞向了邻居家的玻璃窗。"嘭"的一声,玻璃被击了个粉碎。

愤怒的邻居要求男孩赔偿12美元,男孩一下子愣住了,要知道,在当时,12美元可是个不小的数目,那个小男孩每天的零花钱只有几美分。

男孩知道自己闯了大祸,于是就向父亲求助,希望父亲能够帮自己付这笔钱。没想到,一向十分疼爱他的父亲竟然说:"你必须为自己的错误负责任,这钱应该你自己来赔偿。"

男孩低下头,说:"我到哪里去找这么多钱来赔人家?"

父亲从口袋里掏出12美元,说:"我可以先借给你,但你必须

在一年的时间里将它还清。你要记住，承担自己的过失，是你的责任，无论如何，都不能逃避。"

为了还清这笔钱，男孩利用自己的全部课余时间来打工。他不再热衷于各种游戏，而是忙着去修剪草坪、送报纸，以此来赢得一些报酬。花了整整半年的时间，他终于挣到了 12 美元，把欠父亲的钱还清了。在他的人生里，这是他第一次通过自己的努力来承担责任。

几年后，美国经济进入了大萧条时期，他的父亲受到了波及，不幸破产了。刚刚走出大学校门的他，主动承担了整个家庭的重担，并且资助他的哥哥重新回到学校学习。后来，他成为一个电视主持人，并在他的事业处于巅峰状态时，选择进入政界。

当他凭借着自己的努力终于得到了自己渴望的职位时，一场经济危机袭击了美国。这次，他要承担的是引领美国走出困境的责任。他没有辜负美国民众的希望，八年之后，他把一个已经走出危机、重新兴盛起来的美国交到了自己的继任者手里。

他就是第 40 任美国总统罗纳德·里根。

为什么有些人能像里根一样在自己的领域取得辉煌成就？因为成功与我们内心的责任感关系密切。比如，在求学阶段，为什么有些人总是勤奋学习，而有些人却总是偷懒、得过且过？因为前者有责任心，他想让父母家人过上好的生活，他有更强烈的求知欲，所以他才会努力学习，才会追求事业，才会通过奋斗改变自己的命运。

美国钢铁大王安德鲁·卡内基曾经说过："有两种人永远都会一事无成，一种是除非别人要他做，否则绝不主动做事的人；另一种则是即使别人要他做，也做不好事的人。那些勇于负责、不需要别人催促就会主动做事，而且不会半途而废的人终将成功。"责任比能力更重要，没有做不好的工作，只有不负责的人。责任承载着能力，只有充满责任感的人，才有机会充分展现自己的能力。

这也是很多企业家能够成功的原因，他们的辉煌源于自己的责任感。

比如李彦宏，从百度成立之初就立下了"让人们平等、便捷地获取信息，找到所求"的使命，到2017年又提出"用科技让复杂的世界更简单"的新使命，一直坚信"平台越大，责任就越大"，不仅要满足网民对搜索的需求，更要借助人工智能等创新科技的力量，为用户提供价值，帮人学习，让人成长。

比如马云，在各种公开场合都强调企业家应该有责任感。他还曾经专门发表文章谈企业家的责任。

好的企业，要用商业手法解决社会问题、推动社会发展，而不是寻找法律漏洞去牟利。解决的社会问题越大，企业就越伟大。如果能为国家解决问题，那就是一个国家企业。

好的互联网企业，不是争流量，不是争数量，而是争质量、争担当。决不能成为传播有害信息、造谣生事的平台，不能去创造概念博眼球，而是要成为推动社会包容、绿色、可持续发展的驱动力。作为一家平台型企业，阿里巴巴不是让自己越来越强，而是帮助其他人以及中小企业一道发展。我相信，阿里巴巴令人骄傲的一定不是利润、不是收入、不是规模，而是我们的家国情怀、责任感和社会担当。

掌握核心技术是一家好的互联网企业当仁不让的责任。真正的好企业，不是看市场份额有多大，而是看有没有掌握核心技术；市场份额牛不叫牛，核心技术牛才是牛。

今天，中国的互联网公司有很多，它们小而美，充满活力，是创新的生力军。但是有技术的大公司太少，长远来看，BAT（百度、阿里巴巴、腾讯）都不算大。中国需要一批BAT这样的公司。今天在互联网领域，中国的"新四大发明"占了三个，这远远不够，我们最好要有"八大金刚"。

不是每家互联网企业都能做大，也不是每家互联网公司都能做强，但是每家互联网公司都应该有这样的担当：有对未来的远见，会不断地创新，勇于在关键技术、关键领域，在大国技术竞争中担当重任。

企业的目标是赚钱，但是企业价值的大小跟钱多少无关。企业受尊重不是因为会赚钱，而是企业会改变和影响世界，会完善社会和未来。

互联网企业，不要去争当"首富"，而是要争当"首负"，必须对用户、对社会负责。负责任的企业首先要积极纳税和创造就业，把社会资源用好，为社会谋福利。其次，企业的商业模式和社会责任必须融合在一起，提供良好的产品，不能一边做着有毒的商品，再在年底捐点钱，这样的套路不会长久。

企业家要看清楚钱的本质，钱是完善社会、让社会进步的资源。企业家手中的钱，既是天文数字，也是天大的责任和担当。你有500万元、1000万元的时候，钱是你的；但有1亿元的时候，钱就不属于你。只是社会大众相信你会把钱用得更好，所以才把钱交给你。我们企业家要对得起这份信任。

像马云、李彦宏这样身价的企业家，一年多赚几个亿对他们来说没有什么意义，只是在财富上增加了一些数字而已。那么，他们努力工作的动力何在？就是因为责任感。

当你把企业做大之后，这个企业就不是你的了，它是国家的企业，是社会的企业。所以，所有的企业家都应该承担社会责任，都应该为国家经济繁荣做贡献。那些有责任感的企业家不是为自己工作，而是在为社会工作，他希望对企业、对社会、对整个国家负起更多、更大的责任。

所以，当你被称为企业家的时候，你要记住，你一定要做一个充满责任感的人。看你是不是一个有责任心的人，就知道你能不能成为未来的创新型企业家。

创新型企业家

始终保持担当精神

> 一个人失去担当,就是一个不能被承载的人。一个不能被承载的人,就是无所作为的人,自然这一生在事业上不可能有任何建树了。普通人和成功人之间的区别就是担当能力的大小。

创新型企业家精神内核的第三大要素,是担当。什么是担当?担当就是把一个东西担起来,把它当成自己的事。

在不断成长的过程中,我们会发现自己身上的担子越来越重。比如当你成为部门经理时,要担起一个部门;当你成为总监的时候,要担起公司的一部分职能;当你成为副总裁的时候,企业的所有方面都与你有关;当你成为总经理的时候,这家公司的任何一件事,你都必须承担起来。别人有星期天,你没有星期天;别人可以抱怨,你不可以抱怨;别人遇到问题可以推脱,你遇到问题只能想办法去解决。

企业家身上的担子比总经理还要重,企业所有的责任,都要由企业家去承担。你拒绝担当的时候,就是企业走向死亡之时。一个人失去担当,就是一个不能被承载的人。一个不能被承载的人,就是无所作为的人,自然这一生在事业上不可能有任何建树了。所以,普通人和成功人之间的区别就是担当能力的大小。

企业家的担当精神,是企业家引领自己的企业从小到大的核心能力。一个企业的成长过程,是不断担当的过程,也是企业家不断承载的过程。企业发展得越大,企业家承担的责任就越重,压力也就越大。

担当精神不但是一个企业壮大自身需要,更是推动社会发展的需要。看一个人是否是有社会责任感的优秀企业家,关键看其是否将个人的成长融入国家发展、社会运行,投身国家重大战略,给社会带来正能量。改革开放以来,一大批优秀企业家在市场竞争中迅速成长,一大批颇具核心竞争力的企业不断涌现,同时也为社会的发展作出了重要贡献。在中国不断接近世界舞台中央的历史征程中,中国的企业家,作为时代的弄潮儿,除了要弘扬爱国敬业、遵纪守法、艰苦奋斗的精神外,还要力求创新发展,专注品质,追求卓越,更要弘扬履行责任、敢于担当、服务社会的精神。

霍英东的担当精神足以令人称道。霍英东历经数十年的苦心经营,成就了一个庞大的工商业帝国。他始终怀有一颗爱国之心,每当祖国有需要的时候,他总会挺身而出。1950年12月,美国商务部宣布对中国实施全面禁运,"凡是一个士兵可以利用的东西都不许运往新中国"。1951年5月18日,在美国等一些西方国家的操纵下,第五届联合国大会通过了对中国实施全面封锁禁运的决议。这一决定严重影响了当时抗美援朝战场上志愿军的油料基本供应,作战物资的运送陷入困境,战事进行得异常艰难。因此,那时进口铁皮就成了当务之急。

当时,霍英东马上组织了颇具规模的船队,冒着港英当局武力"缉私"的巨大风险,在短短几星期内为抗美援朝前线送去大批急需的橡胶、轮胎、五金、药品、医疗器械、棉花、纱布等物资,有力支援了抗美援朝。

从20世纪70年代开始,他很少参与香港的投资,而是把投资的方向转到内地。1979年4月10日,霍英东同广州市签订了建设白天鹅宾馆,推动发展国家旅游事业的协议。白天鹅宾馆建成后,他决定向广大市民全面开放,那时的白天鹅宾馆堪称被国际友人最为认同的、最好的五星级宾馆之一。此后，霍英东还参与了内地很多建设项目和活动，比如捐建北京贵宾楼宾馆，捐建北京亚运会体育场馆，奖励为国争光的奥运健儿等。特别是投资30多亿元巨资开发建设的广东番禺南沙新城，其计划将收益的50%用于内地的投资建设，另50%用于文化教育和文明事业，更是体现了一个成功企业家的社会担当。

1984年，他还出资10亿港币创立了"霍英东基金会"，其主要职能就是支援内地建设，用每年的利息和赢利用来捐款做慈善。《大公报》曾称霍英东是全港捐献最多的大慈善家。

霍英东一生为中国体育事业的贡献，备受国人称道。早在20世纪70年代初期，虽然中华人民共和国已经恢复在联合国的合法席位，但大多数国际单项体育组织依然拒绝接纳中国为合法成员。因此，自1973年起，霍英东还担起中国"体育外交"的重任，时常到世界各地奔走呼吁，以恢复中华人民共和国在世界各单项体育组织中的合法会籍。1983年，霍英东患上了癌症，但他没有停止为祖国奔忙。为了能让北京成功申办2000年奥运会，霍英东父子协助北京奥组委向国际奥委会执委做了大量游说工作。

今天的中国，很多优秀的企业可以脱颖而出，很多卓越的企业家能引领时代的潮流，都是因为他们有一份担当。无论是华为，还是腾讯，都代表着中国的高度，代表着中国人的尊严，也代表着我们这个国家在科技创新领域的高水准。

这种担当不是金钱能买到的，尤其是我们看到，如今已经到古稀之年的张瑞敏、任正非牺牲晚年的幸福时光，每天拖着不再年轻的身躯，仍然奋斗在一线，指引企业进步，鞠躬尽瘁，尽心尽力。他们在担当责任，他们在担起一个企业的未来，担起一个民族的希望，担起一个国家的繁荣与经济的腾飞。

大格局成就大事业

一家企业能做多大,不在于它初创的时候有多大,而在于它的格局有多大。格局足够大,成长的空间才足够大。在一个小公司诞生之初,如果就以世界级的眼光去定位,未来或许就真的能成长为世界知名公司。

成为创新型企业家的第四个精神内涵是格局。为什么有些人能抓住商机,创造伟大的企业,有些人却只能每天赚辛苦钱?这就是格局的不同导致的。

什么是格局?格局就是看问题的高度、广度和深度。每个人的格局不同,有大小之别,有高下之分,比如有的人看问题是从个人的角度出发,有的人看问题是从区域的角度出发,有的人看问题是从国家的层面出发。格局不同,结果也不一样。就像我们站在一栋有100层楼的大厦上看一个城市的风景,从20楼看是一个风景,从30楼看是一个风景,从60楼看是另一个风景,从最顶层100楼看,看到的风景是完全不一样的。视野不一样,得出的结论也截然不同。

雷·克洛克是一家推销混乳机的小公司里的小领导。混乳机是一种能同时混合拌匀五种麦乳的机器。1954年,他在加利福尼亚州圣贝纳迪诺城发现了一家小餐厅,这家餐厅的名字叫麦当劳,老板是两兄弟——理查德·麦当劳和莫里斯·麦当劳。当时,两兄弟向他购买了8台机器。由于这是一个大客户,雷·克洛克决定亲自去和他们谈这笔生意。他到了圣贝迪纳诺城，发现这家餐馆的生意非常火爆，有许多顾客为了买到他们做的牛肉烧饼不惜排几个小时的队。

雷·克洛克看到之后，就向他们提出建议："既然你们的生意这么火，应该多开几家分店才对啊。"不过两兄弟却摇了摇头，哥哥指了指对面的山坡说："你看到山上的那栋房子了吗？那是我们两个人的家，我非常喜欢住在那里。假如我们开了连锁店的话，我们回家的时间就会少了。"

雷·克洛克想了想，觉得这是一个能让自己发财的机会。于是，他就向两兄弟提出了由他自己来开分店的要求。雷·克洛克向他们许诺，如果能够让他来开分店的话，每年会让他们抽取5%的利润。两兄弟答应了他的要求。

1955年4月15日，雷·克洛克在芝加哥郊区开了第一家麦当劳餐馆的分店。后来，随着利润的增加，雷·克洛克又及时地增设了别的分店。到1960年，麦当劳餐馆已经拥有了280家连锁分店。在1968年之前，麦当劳餐厅每年大约有100家分店开张，此后就变成了每年以200家以上的数量开张。

1961年，事业越做越大的雷·克洛克决定以270万美元的价格向麦氏兄弟买断麦当劳，包括名称、所有商标、版权以及烹饪配方等。从此之后，麦当劳餐厅的所有权就属于雷·克洛克一个人了。他曾经回忆说："他们比我年轻，可是他们歇手了。我可不能抛锚，当你年轻的时候只要能奔，就得前进，到你老了，一停手就会僵化。"

现在，麦当劳成为全球最大的快餐连锁店之一。雷·克洛克这样说："如果一个人的野心仅仅停留在一个非常小的空间里的话，麦当劳是不会需要他的。"目光短浅的麦当劳兄弟和拥有大格局的雷·克洛克，让我们清楚地看到了什么是格局之分。

把企业做大做强是所有企业家的共同愿望，这需要大格局，在不同阶段，格局也是有发展变化的。Facebook创始人马克·扎克伯格在刚创业的时候，只是想如何把哈佛的社群连接起来，后来思维格局变大了，想到可以把整个世界都连接起来。但这时他还不敢想自己就能做成这件伟大的事，只是想着某个大型公司能实现，他曾说："我完全没有想到这个人会是我们。当时我们还只是大学生，对此还并不了解。所有这些大型技术公司都有资源，我只是认为其中一个大公司会做到这一点。但是，我对这个想法确信无疑——所有人都想和别人彼此连接，所以我们一直在朝这个方向努力前进"。最终他放大了自己的格局，与合作伙伴一起，连通了整个世界。

马克·扎克伯格在演讲的时候还说到这样一个故事："我最喜欢的一个故事，是约翰·F. 肯尼迪访问美国宇航局太空中心时，看到了一个拿着扫帚的看门人。于是他走过去问这人在干什么。看门人回答说，'总统先生，我正在帮助把一个人送往月球'。"正是因为这个看门人的格局足够大，才能向总统说出这样的话。他没有把自己的价值局限在看门扫地上，而是把自己当成了送宇航员上月球的一分子。

一家企业能做多大，不在于它初创的时候有多大，而在于它的格局有多大。格局足够大，成长的空间才会足够大。在一个小公司诞生之初，如果就以世界级的眼光去定位，未来或许就真的能成长为世界知名公司。就像阿里巴巴，在创业初期，马云就树立了一个伟大的目标"让天下没有难做的生意"，在这个目标的指引下，十年之后，阿里巴巴真的成了电子商务领域的王者，让更多人在这个平台上能便捷、自如地做生意。

为什么很多企业做了很多年仍然没什么起色呢？格局太小是一个非常重要的原因，导致企业的成长空间有限。所以，看一家企业有没有未来，就看它的领导者格局大不大。如果企业家在做顶层设计的时候，只把企业设计成一个小公司，那这家企业再怎么努力也做不大。你站的高度不是国家的高度，不是世界的水平，那你做的企业也只是区域性的，整合不了资源，吸引不了资源，也不具备持续扩张的实力。

在这里，我想以我们中网时代为例和大家分享。我们的口号、使命和愿景，是注册公司第一天就定下来的。我们的使命是"帮助每一名中国人轻松实现电商梦想"，我们的愿景是"打造中国网络科技教育第一品牌，助推传统企业快速转型升级"，我们核心的价值观是"推动中国网商发展进程"。在我们企业的发展历程中，这些口号从来都没有改变一个字。直到今天，我们喊起公司的口号、愿景、使命和价值观的时候，依然心潮澎湃，因为这是我们这家公司持续发展的原动力。

我们从出发的第一天，就为公司定下了高标准。我们希望帮助客户实现更大的价值，帮助客户解决他们在互联网时代的困扰，让他们和互联网快速对接，获得企业经营管理的方法。

我们立志要做一家有价值的公司，要做一家值钱的公司，因为我们相信，赚钱的公司不一定值钱，但值钱的公司一定赚钱，这就是我们的格局，也是我们的胸怀。

有一句话说得非常好：思想有多远，我们就能走多远。所以，格局是企业家必备的一种特质，也是给企业释放未来空间顶层设计的力量。

那么，什么样的企业家才是有大格局的企业家？

首先要有大视野。视野决定境界，中国企业家不能只站在中国看中国，要站在世界的角度看中国。一个企业家，能看到国内外经济、行业和技术的变化以及发展趋势，发现并掌握大规律，才能为企业开创新境界。一家企业能走多远，关键在于企业家能看多远，能看到未来多少年会发生什么样的变化。这个视野最重要的就是能看到未来变化大趋势，比如政治领域的变化、经济领域的变化、技术领域的变化，以及企业自身能力发展的变化。

大格局还要求企业家拥有大情怀。企业家有多大的情怀，企业就有多大的舞台。某种程度来说，企业家通过成就别人来成就自己。把国家、社会、员工以及其他利益相关者都看成利益共同体和服务对象，把企业利益与社会利益相统一，企业也会获得更多的能量，在成功的道路上会走得更顺遂。

全局观也是大格局的一种体现。所谓全局观，就是要让企业生态链都满意，包括要让客户、员工满意，让合作伙伴、政府满意，甚至赢得竞争对手的尊敬。这也是很多企业家在企业经营过程中推行股权运营的初心。让更多的人成功，才是真正的成功。让别人强大了，你才可能强大。

如今，商业模式在不断地蜕变，新事物层出不穷，每个时代都会在趋势的引导下形成新的风口，企业家只有站在一定的高度进行顶层布局，做到观念世界级、能力世界级、资源世界级，才能抓住机遇，引领企业顺势腾飞，不断发展壮大。

胸怀宽广，懂得舍得

当你的胸怀可以容纳百川甚至忘记自我的时候，你就知道，百川自然会归向大海，所有的人才也会汇聚在一起，形成一股强大的势能，让企业迸发出一股磅礴的力量。

创新型企业家的第五大精神要素是胸怀。胸怀与格局看起来只有一念之差，但实际上有本质的差别。格局是事业的空间、高度和宽度，决定了未来企业成长空间的大小，而胸怀则是一个企业家容事、容人的肚量，以及分享价值、未来与财富的能力。

如今的华为是全世界最卓越的企业之一，也是中国民营企业的杰出代表。华为有三大生态理念，利益分享就是其中非常重要的一个理念。华为的高层管理者曾经多次强调华为的利益分享，并引以为傲。华为轮值CEO徐直军认为，这一理念是华为成功的最核心要素。他曾说："对华为公司来讲，人力资源在整个公司管理体系中相对于其他公司要更重。可以说华为公司成功的最核心的要素，就是从一开始就建立起来的利益分享制，也就是任总建立的虚拟股权机制和后来的TUP机制（Time Unit Plan，时间单位计划，即现金奖励型的递延分配计划，属于中长期激励模式的一种，类似于分期付款，先给你一个获取收益的权利，但收益需要在未来N年内逐步兑现）。正是这个机制的存在，把华为公司员工和企业的利益紧密地结合在了一起，也正是因为这个机制，使得华为能做到很多其他企业难以做到的事情。当然，走到今天，仍然暴露出很多问题，但我们在不断地调整、优化。华为公司在人力资源工作上花的时间应该是最多的，公司高层管理团队大量的时间开会讨论的不是业务，都在讨论人力资源相关的议题。比如怎么把团队激励起来，怎么把各级干部的积极性调动起来等。面向未来，我们希望每一个在华为公司的员工，都能感觉到你和公司是一体的，都是被激励的，而不是在公司干得没劲。"

同为轮值CEO的郭平，在2016年中国移动全球合作伙伴大会上又将利益分享的对象进行了延伸："面对未来智能社会这个最不确定的对手，华为的战略就是'团结一切可以团结的人'。靠什么来团结人？答案就是利益分享。过去20多年，华为通过构建员工利益分享机制，以奋斗者为本，极大地激发了全体员工持续奋斗的热情，造就了强大的组织能力。我们已经将这一分享机制向战略客户、战略供应商扩展。面向未来的生态圈建设，我们还将进行更为广阔的利益分享，比如学术机构、研究机构、行业组织等，都是我们要团结的对象。"

这段话反映了华为每年所创造的巨额财富，是分给参与创造财富的所有员工的。这种利益共享的制度，体现了任正非作为一个企业家的胸怀。在任正非的这种胸怀的容纳之下，华为的员工都成了华为的主人，他们去华为不是打工的，而是创造事业的。

财聚人散，财散人聚。你要想把人才聚拢来，就要散财；你要想把钱聚拢在自己手上，人必然会散去，最后永远得不到大财，这是凝聚人才的硬道理。

慧聪网创始人郭凡生是这一法则的践行者。一直以来，郭凡生都坚持认为，劳动者应共同占有财产，应该在企业里推行劳动股份制、知识股份制。2003年12月17日，经过11年的奋斗，慧聪网已经成为中国信息服务行业的龙头老大，并作为中国第一家B2B商情信息服务提供商，成功登陆香港创业板。上市之后，慧聪网有126名员工通过股票分红的方式成为百万富翁,他们在慧聪网的平均工作年限是6年。

2014年10月10日,慧聪网又从香港创业板转到香港联交所主板上市。为了表示对员工的感恩,郭凡生在这一天给员工写了一封公开信,再次对员工进行股权激励。在公开信中,他对慧聪的股权激励机制进行了恳切地阐述。

"凡今天在册的每一位慧聪员工,管理人员将收到每人10000股原始股,员工每人1000股原始股,锁定时间为2年。这些股份以慧聪目前市值计算,超过1亿港币。股份将从我和郭江的股份里划拨给大家。我们要成为中国互联网企业中第一家真正全员持股的公司,只要你是慧聪人,你就将成为慧聪的股东。……

"分享,是互联网的基本精神,慧聪的今天是慧聪人共同创造的,你们应该享有慧聪带来的财富。老慧聪人一定还记得,从1992年创业那天起我们就提出了劳动股份制的概念,一直在强调'知识就是财富'。我们承诺将70%的分红分配给员工,这是当时的互联网公司都做不到的。我们描述了慧聪美好的远景,而当时描述的美好,如今早已超越。有人怀疑慧聪股东是否真的会采取这样的制度,甚至有名员工1993年拿了第一次分红的3000元后就辞职离开,他以为老板算错了账,辞职离开就无法领回分错的钱。但和慧聪一起坚守的人在公司2003年上市时,目睹并共享了慧聪一夜之间创造126个百万富翁的神话。请记住:那是中国互联网历史上第一次伟大的记录,对中国千千万万个职业经理人有着划时代的历史意义。

"2006年,我们从纸媒转型互联网,慧聪跌入低谷,股票从两元掉到了最低一毛五,不少人哀叹:慧聪完了!就在那时候,我们仍然给员工发放了多次期权,并告诉我们的员工,慧聪还会创造比126个百万富翁更加辉煌的未来。今天,我们可以骄傲地告诉世人,从那时发放的 11 次期权的积累，至今仍然坚守下来的慧聪人，他们从 11 次期权中的获利总额已经超过 20 亿港币。我们又创造了一个坚守劳动股份制、发放 11 次期权的中国纪录，相信短期内不会有企业能够超越。"

在企业家成长的过程中，难免会遇到分钱、分权的阻力，没有胸怀，没有容人之量，企业会流失很多人才。企业中很多优秀的管理人员，积累到一定阶段，因为得不到足够的发展空间、价值体现和利益回报而选择了离开的事屡见不鲜，不懂舍得的道理，企业就永远在不断重建中，很难做大，有些企业甚至因此死亡。

当你的胸怀像蓝天一样，你就可以让雄鹰自由翱翔。当你的胸怀像大海一样，你就可以让鲨鱼在里面驰骋。当你的胸怀可以容纳百川甚至忘记自我的时候，你就知道，百川自然会归向大海，所有的人才也会汇聚在一起，形成一种强大的力量，让企业迸发出一股磅礴的力量。而这种磅礴之力，会让所有员工都把企业当成自己的家，从而让企业焕发出一种超乎寻常的合力，这种合力就是企业的核心竞争力。有了这种核心竞争力，你的公司就会蓬勃向上，你的公司就会奔流不息，从小到大，从弱变强，从区域到全国，从国内到国际，事业蒸蒸日上。

创新型企业家

拥有超越常人的眼光

一个企业家的眼光，就是一个企业的未来。企业有没有未来，就看一个企业家能不能看得远。看得远，企业就能走得远；目光短浅，企业就没有前途。

一个企业家，要想把企业发展得好，必须眼光好，知道什么时候该干什么，而这个眼光必须是超越常人的。很多机会都来源于别人不知道的时候你做了，当别人都知道的时候，就没有机会了。所以，一个企业家的眼光，就是一个企业的未来。企业有没有未来，就看一个企业家能不能看得远。看得远，企业就能走得远；目光短浅，企业就没有前途。

约翰·洛克菲勒在26岁时做起了当时风险很大的石油生意，他所经营的标准石油公司在激烈的市场竞争中脱颖而出，垄断了美国全部炼制石油90%的份额，但这样的巨大成功并没有让他停止冒险行为。19世纪80年代，美国俄亥俄州的利马发现一个大油田，因为含硫量高，人们称之为"酸油"。当时没有人能找到有效的提炼方法，因此一桶只卖15美分。洛克菲勒预见到这种石油总有一天能找到提炼方法，坚信它的潜在价值是巨大的，所以执意要买下油田。当时他的建议遭到董事会中多数人的坚决反对，事后他只得说："我将冒个人风险，自己拿出钱去做这个产品，如果必要，将拿出200万到300万美元。"洛克菲勒的决心，终于迫使董事们同意了他的决策。结果，不到两年时间，提炼这种"酸油"的方法便被发现，油价从每桶15美分涨到 1 美元，标准石油公司在那里建造了当时世界上最大的炼油厂，赢利猛增几亿美元。

威廉·波音 28 岁时只是一个从耶鲁大学中途辍学的木材商人。有一天，他在观看了一场飞行表演后突发奇想：为什么不把飞机改造成经济实用的交通工具呢？自此，他对飞机产生了浓厚的兴趣，并不断研究飞机的构造。因为那时飞机属于新兴事物，驾乘飞机只是少数人的一种昂贵消费，所以当时科学界对他提出的所谓"发展航空事业"嗤之以鼻。但他并未就此放弃，而是开始了十几年如一日的飞机制造事业。

20 世纪 20 年代，他觉得替美国邮政运送邮件将会是一桩赚钱的生意，于是决定参加"芝加哥—旧金山邮件路线"的投标。为了赢得投标，他把运输价格压得非常低，反而引起了专家们的怀疑，他们认为他的公司必倒无疑，甚至邮政当局也怀疑他能否撑得下去，要求他交纳保证金才肯签约。但他自信满满，他对公司所研制的飞机重量进行了严格的要求，不出所料，他的邮件运送业务开始获利，并且很快从运送邮件发展到载运乘客。

二战结束后，航空工业空前委靡，他的公司也停产了。为谋生计，他不得不转行制作家具，但仍想方设法供养着公司的几个重要骨干，以保证飞机研发计划能继续进行。那时他身边传来各种各样的声音，大部分人认为他太过狂热，不切实际，但他坚信，航空业终究会柳暗花明，他说："我可以预见未来！"

最终，这个能预见未来的人创建的波音飞机制造公司，成为全世界最大的商用飞机制造商之一。"除了事实之外，再也没有权威，而事实来自正确的认知，预见只能由认知而来。"这是古希腊哲人希波克拉底的话，它也曾被作为座右铭挂在波音办公室的门上。

可见，成功就是拥有超越常人的眼光，有远见才能掌控未来。

那些没有远见的人，失去的是难以想象的机会。

阿里巴巴在刚刚诞生的时候，"蜗居"在杭州的一栋三室两厅的房子里。腾讯也是在马化腾小小的宿舍里问世的。当时，谁能看到这些企业的前途，谁能想到它们的未来是多么辉煌？为了缓解资金短缺的压力，马云曾经找了几十家风投，都遭到了无情的拒绝，而日本的孙正义却毫不犹豫地决定投资。

我们先来看看孙正义是个什么样的人：孙正义43岁时就成为亚洲首富，资产达3兆日元；他的目标是在30年内超越微软与英特尔；他被《新闻周刊》评为"亚洲年度风云人物"；他被誉为"日本的比尔·盖茨"。孙正义的经历非常曲折，他从社会最底层滚爬出来，从小有许多狂想，却不可思议地一一实现。他说过："一个梦想和毫无根据的自信，一切都是从这儿开始的。"

1999年，一位来自摩根士丹利亚洲公司的资深分析师，把马云介绍给了孙正义，在他们的第一次会面中，孙正义给了马云20分钟的时间来介绍阿里巴巴，马云于是做了一个演讲，介绍阿里巴巴为何物，阿里巴巴正在做什么和将要做什么。马云只讲了6分钟，就被孙正义打断了。孙正义当即表示了他略显强烈的投资意向，他问了马云一句话："你需要多少钱？"并约他接下来在日本再见一面。

在和孙正义见了第一次面后的20多天后，马云带着蔡崇信如约在日本东京再次同孙正义会面。据说当时孙正义的面前摆着一个很大的计算器。他就在计算器上按来按去算了一通，给了一个报价。但蔡崇信说，第二次的报价听上去对他和马云以及阿里巴巴来说，仍然难以接受。于是孙正义又去按那个计算器，过一会又报出一个价格。就这样拒绝了三次，孙正义报出的价钱才落到马云和蔡崇信的可接受范围之内。于是双方达成了一致，资金的总额是2000万美元。

这之后，阿里巴巴与软银公司正式签约，软银公司单方出资2000

万美元，为阿里巴巴注资。随后，马云利用这笔钱开始了全球跑马圈地的疯狂扩张：在日本、韩国建立合资公司，在美国建立研发中心，在欧洲设立办事处，在中国香港设立总部……

今天的这些中国最卓越的民营企业、互联网新生代科技巨头，每年创造的巨额利润，都会被当年投资它们的外国人分走不少收益。为什么当初没有中国人投资这些企业？并不是因为中国的企业家不够多、不够有钱，而是他们没有眼光，他们认为这些公司没有未来，认为这些公司就是"画饼"的公司，不可能赚钱。我们的眼光都非常现实，看一个公司就看它过去是不是赚钱、现在是不是赚钱，如果不赚钱，他们就会给这家公司判"死刑"。

而孙正义不同，他看的是阿里巴巴未来会不会值钱。事实也是如此，在他投资之后，阿里巴巴变得越来越值钱。到2014年阿里巴巴上市的时候，他的2000万美元一下子变成了600多亿美元。

很多人说孙正义运气好，其实不是他运气好，是孙正义有眼光。眼光就是财富，眼光聚焦之处就是财富所到之处。孙正义能看到5年、10年之后的东西，而没有眼光的人，只能看到今天和现实。看到现实的人是没有未来的，一个没有眼光的人也是没有未来的人。

所以，对创新型企业家来说，必须有眼光才有未来。超越常人的眼光是一个企业家发现未来、经营未来、走向未来的核心能力。

境界决定成就

一个人的价值，不是自己得到了什么，而是给身边的人、给这个社会、给这个国家带去了什么。只有在境界和思想精神层次进行超越的时候，一个人才能真正地找到生命的乐趣，找到为事业而奋斗的不竭动力。

成长为创新型企业家所必备的第七个精神要素，是境界。作为一个企业家，很多人都说需要修心。修心修的是什么？修的是境界，是层次。

普通人、商人都是为自己而活的，但企业家不是这样的，他们还需要承担社会责任。他们除了追求自己的经营价值、企业成就、财富数字之外，还要有一种利他精神，为社会而活的精神。一个企业家，如果没有这样的精神境界，达不到这样的人生层次，那只有一个结果——早晚累死在办公桌上。这样的人生是非常可悲的。

为什么可悲？第一，他虽然赚了很多钱，但这些钱他本身也花不着，他也不需要这么多财富。那他每天的劳动就失去了意义，因为他创造的都是给别人花的价值，连给谁花都不知道，所以说很悲哀。第二，赚钱是永无止境的，每天都要不停地努力工作，要带领企业不停地向前奔跑，这样就会牺牲很多个人生活，导致有时间赚钱却没时间花钱。这就是没有境界的企业家最悲哀的结局。这样想一想，很多企业家会觉得：我们活着还有什么意义？拼搏还有什么意义？把企业做成功了又有什么意义？

所以，一个企业家在获得巨额财富之后，他的生命价值必须进行重塑，只有这样，他才能重新找到人生的意义。

如何对生命价值进行重塑？简单来说，就是有一种利他精神，要从为自己而活转变为为他人而活、为员工而活、为团队而活、为客户而活，为更多人带来价值。

有人曾问李泽楷："你父亲教给你成功赚钱的秘诀了吗？"李泽楷说："赚钱的方法父亲什么也没有教，只教了他一些为人的道理。"李嘉诚曾经告诫李泽楷，和别人合作，假如自己拿七分合理，八分也可以，那么拿六分就可以了。

李嘉诚的意思是，吃亏可以争取到与更多人合作的诚意。你想想看，虽然他只拿了六分，但现在多了十个、百个合作的人，能拿多少个六分？假如拿八分的话，会损失多少潜在合作的人，结果是亏是赚，可想而知。李嘉诚一生与很多人进行过长期或短期的合作，分手的时候，他总是愿意自己少分一点钱。如果生意做得不理想，他就什么也不要了，愿意吃亏。这是种风度，是种气量，也正因如此，才使得许多人乐于与他合作，他的生意也才能越做越大。所以，李嘉诚的成功，很大程度上得益于他的让利与利他。

福耀玻璃集团创始人兼董事长曹德旺也是如此。年轻时的曹德旺为了谋生，种过白木耳，当过水库工地炊事员、修理工、农技员，还"倒"过果树苗。一直奋斗到30岁，各种营生都做过的曹德旺，成了谁也算计不过的"人精"。1975年，他已为自己积累了5万余元的"巨资"，那时的他，早已实现了财务自由。1983年4月，曹德旺承包了一家年年亏损的乡镇企业，这一年也是曹德旺一生的转折点。刚开始曹德旺勒紧裤腰带经营，从芬兰引进最先进的生产设备，全国各地搜罗技术人才攻关，经历了无数次失败考验，终于研制出汽车专用玻璃，不但利润可观，而且价格比市场上的进口货便宜很多。刚刚投产便已供不应求。仅仅几个月时间，他就赚到了几十万元。如今的福耀玻璃集团，是目前中国第一、世界第二大汽车玻璃供应商。

成功后的曹德旺，本着"取之于民，馈之于民"的良好商人本色，从1983年开始，曹德旺至今累计个人捐款已达80亿元，认为施财不过是"小善"。因为慈善，曹德旺曾经登顶有企业界奥斯卡之称的"安永全球企业家大奖"，他也是首位华人获奖者。

曾经有人问曹德旺有没有想过移民，曹德旺义正词严地说："我有今天的成就，不是因为我伟大，而在于我背后有无数普通人默默无闻的努力和贡献，我有今天的事业，离不开政府的政策和社会各界的帮助，我欠社会的太多。人要有良心，我对社会始终抱着感恩的心态，我是通过自己的力量来帮助社会，我是中国的企业家，也将永远都是中国的企业家！"

我经常对我的员工们说这样一句话：一个人的价值，不是自己得到了什么，而是给身边的人、给这个社会、给这个国家带去了什么。这句话就是站在企业家的高度上来说的，就是站在境界的层次上来说的，因为一个优秀的企业家，最终都会去完成自己的升华，他们通过利他、通过慈善，来把自己创造的巨额财富回馈给那些需要财富的人，从而使自己达到另一个更高的境界和层次，使自己超越"小我"，实现"大我"。

我们看到，很多知名的企业家都在做慈善，比尔·盖茨建立起了自己的慈善基金会，沃伦·巴菲特把自己的巨额财富捐给了比尔·盖茨的基金会，马云也在做慈善。为什么他们都不约而同地走向了这样一条路？因为在帮助别人建立价值的过程中，他们也实现了自我的价值，完成了生命的救赎和价值的回归。

他们做慈善，不是沽名钓誉，而是发自内心的。因为当一个人的成功达到了一定高度的时候，他已经不缺名利、不缺鲜花、不缺掌声、不缺财富了，他只为了自己的那份初心，只为自己内心的充实，只为了自己价值、境界和层次的升华。

所以，如果企业家不能找到自己生命的另一重价值，不能升级、再造自己的境界和思想层次，得到的可能将会是一生的失败，变成一台赚钱机器。只有在境界和思想精神层次不断超越，一个人才能真正找到生命的乐趣，找到为事业奋斗的不竭动力。这时将不再局限于低级的为衣食住行而活，而是进入精神的世界，不断追求精神升华。

心怀信仰，追求卓越

企业家的信仰是什么？是永不止步，追求卓越，凡事做到最好、做到极致，要把企业做成世界上最优秀的企业。山登绝顶我为峰，不到长城非好汉。这句话是对企业家信仰的最好诠释。

每个人都有一个价值判断标准，它是我们心中的一盏明灯，这就是信仰。信仰是创新型企业家必备的第八个精神要素。

哲学家让-保罗·萨特曾经说过一句名言："世界上有两样东西是亘古不变的，一是高高悬挂在我们头顶上的日月星辰，一是深藏在每个人心底的高贵信仰。"信仰是我们思想中、大脑中、价值观中最核心的那一部分道德信条和不变的真理。信仰，为那些身处迷途不知何去何从的人们点亮了一盏明灯，也让那些在人生道路上裹足不前的人多了一些奋勇向前的果敢与勇气。

这种信仰也存在于企业家心中。一个企业家如果没有信仰，只为钱而活，那他不是企业家，只是会赚钱的商人。如果他只为名而活，那么他功成名就之后，也会失去奋斗的动力。那么，企业家的信仰是什么？是永不止步，追求卓越，凡事做到最好、做到极致，要把企业做成世界上最优秀的企业。

企业家每天都在奔跑，在到达人类事业巅峰之前，永远都不会停下自己的脚步。因为企业家追求的是一种极致的成功，是一种一览众山小的成就感，是一种俯视全球的高度和格局。

食品大王保罗·纽曼，就是因为追求卓越而创造了一次又一次成功。保罗·纽曼是出生在美国的犹太人,他的父亲是一位小商人,母亲喜欢音乐和艺术。纽曼大学毕业后,留在父亲的商店工作。他喜欢表演,本来,做商人他也可以成功,可他不满足于日复一日平淡的生意。于是,在不解和怀疑的目光中,他毅然卖掉了杂货店,一心一意投身演艺界。

保罗·纽曼从商人到艺人的跨越,使其在新的领域内赢得了更大的成功,也挖掘了自己在表演上的天赋。他有杰出的表演才能和强健的体魄,他是银幕上的男性偶像,他演了许多影片,曾经5次被提名为奥斯卡金像奖最佳男主角,到1987年他60岁时,终于在第6次提名时,因在《金钱本色》中的成功表演而荣膺奥斯卡最佳男主角,圆了自己数十年从影生涯的夙愿。此外,他还是出色的导演。在电影上的成就,为他赢得了无数声望和财富,成为一名成功的艺术家。

但是,保罗·纽曼的超越还没有完结。1982年,一个偶然的机会,他接触了一种拌面条的酱汁。这种酱汁非常鲜美,敏感的市场嗅觉让纽曼看到了其中蕴藏的商机。于是他与朋友合作,投资数十万美元开发这种食品,并成立了"保罗·纽曼食品公司"。就这样,他又开始了从艺人到企业家的超越。他的企业日益壮大,后来他被誉为美国的"食品大王"。

保罗·纽曼从商人到演员到巨星,再从巨星到企业家再到食品大王,他的人生之路告诉我们,只有不断超越自我,不断让自己在新的生活和环境中去迎接挑战,才能保持住生命不灭的创造力,才能最大限度地发掘自己的潜力。

追求卓越是永无止境的。一旦企业家确立了这样的信仰,就会有不竭的动力。他会带领企业不断冲刺,不断向前,努力把自己的企业经营做到极致。

创新型企业家

有胆识才能勇往直前

要么在变化中被淘汰,要么在变化中升级;要么在变化中死亡,要么在变化中重生。这个世界唯一不变的就是变,而支撑我们所有改革的基础,就是胆识与魄力。

胆识是一个创新型企业家必须具备的第九大精神内涵,也是最核心的特质。

一个没有胆识、没有魄力的企业家,是不可能成功的,因为他害怕冒险。而企业的成功,就是一个个不断选择、不断突破的过程,也是一个不断超越的过程。每一次经历、每一次创新,都是一次冒险,都是一次突破,甚至有可能是一次危机。因此,在成功背后,都会有无数坎坷。如果企业家没有足够的胆识与魄力,就不可能引领企业实现转型升级。

有这样一个园艺师,曾向一个日本企业家请教说:"社长先生,您的事业如日中天,而我就像一只蚂蚁,在地里爬来爬去,没有出息,什么时候我才能赚大钱,能够像您一样成功呢?"

企业家对他和气地说:"这样吧,我看你很精通园艺方面的事情,我工厂旁边有2万平方米空地,我们就种树苗吧!一棵树苗多少钱?"他回答说:"40日元"。企业家又说:"那么以1平方米地种2棵树苗计算,扣除道路,2万平方米地大约可以种2.5万棵,树苗成本刚好100万日元。你算算,3年后,一棵树苗可以卖多少钱?"园艺师回答说:"大约3000日元。"

企业家说："这样，100万日元的树苗成本与肥料费都由我来支付。你就负责浇水、除草和施肥工作。3年后，我们就有600万日元的利润，那时我们一人一半。"企业家认真地说。不料园艺师却拒绝说："哇！我不敢做那么大的生意，我看还是算了吧。"

一句"算了吧"，就把成功的机会轻易放弃了。我们每天都梦想着成功，可是机遇到来的时候，却不敢去尝试，只有对失败的顾虑，以致失去成功的机会。可见，成功是需要胆识的，要敢于尝试！

在企业发展的每个阶段，都需要企业家的胆识。创业初期，一个企业家只有胆子够大，才能抓住稍纵即逝的机会，放弃稳定安逸的生活，勇敢迈出第一步。当企业做到一定规模，市场环境变了，客户需求变了，一个企业家只有敢于冒险，才会不断挑战，引导企业进行创新，把握机遇，走向未来。

成功的人，都极具冒险精神，这样的例子数不胜数。20世纪50年代初，美国西方电子公司有一项产品合格率仅为5%的晶体管生产专利，日本索尼的盛田昭夫对这项还不成熟的生产专利，竟以10万美元的高价，向美国西方电子公司求购，准备在世界上率先批量生产晶体管收音机。当时，人们都认为这是一次极为冒险的赌博，而盛田昭夫以其独特的商业眼光，认定在世界电子业率先批量生产晶体管收音机一定前途无量，经过在专利基础上的深入研究，索尼公司将合格率提高到95%，同时成功开发了世界上最早的袖珍式晶体管收音机。正是这次大胆冒险的专利购买决策，使索尼走上了世界电子产品的领先地位。

乔布斯是计算机领域早期的梦想家之一，他在1985年被苹果公司解雇后，又被请回公司，不仅把该公司打造成一家科技巨头，还帮助创立了皮克斯公司，也就是现在全世界最成功的动画制作公司之一。乔布斯曾经带领苹果公司历经多次冒险，最早的一次，便是他宣布与苹果公司的竞争对手微软公司建立合作伙伴关系。

在1997年的Macworld Expo大会上，乔布斯向观众披露了双方的合作关系。他解释说："如果我们想继续前进，看到苹果公司健康发展并再度繁荣，我们必须放弃某些东西。我们必须放弃'苹果要胜利，微软就必须失败'的观点。因此，在我看来，苹果和微软相互竞争的时代结束了。"2010年，乔布斯向公众展示了iPad，宣告苹果公司进入平板电脑市场；此前有许多企业试图进入这个市场，均以失败告终。《华尔街日报》称苹果公司推出的这款产品是"一场豪赌"。许多分析师认为，消费者没有准备好接受平板电脑，或者说平板电脑根本无法满足大多数用户的期望和需求。其他人则认为平板电脑只适合用于阅读，而亚马逊的Kindle阅读器已经做得很好了。然而，乔布斯有不同的看法，他继续开拓iPad市场，最终，这款平板电脑此后成为极受欢迎的电子产品。

住友化学在日本化学业内排名第二，在国际上排名第十九位，是一家大型化工企业，在中国也有不少投资项目。2004年，住友化学向沙特投资1万亿日元（当时约合750亿元人民币）从事石油精炼项目。这样的巨额投资，风险相当大，稍有不慎便会负债累累，使企业经营陷入困境。当年，沙特提交给住友化学的原油价格为每桶20美元，在仔细计算之后，住友觉得原油价格有可能上涨到25美元，而中国、印度的石油需求量会有所增加，石油价格短期内不会下跌。住友化学株式会社社长米仓说服了日本政府及数家银行组成的考察团，共同完成了这项投资。那时，和沙特的这一项目已经谈了几年，米仓觉得是时候拍板了，于是他果断和沙特签订协议，协议规定风险最终由住友承担。合同刚刚签订不久，石油价格走高，到2006年8月，差不多每桶原油价格涨到80美元。这笔投资给住友化学带来了巨额的收益。

李嘉诚刚创业时，苦于没有资金。为了解决资金短缺问题，他向银行申请贷款。根据他当时的征信条件，银行给出的是半年12%利率的高利贷。许多人都劝他不要冒这么大风险。他表示，作为商人，一定要让生意发展起来，只要新的项目能带来高收益，生意就会越做越大，不去发展新的生意，生意会越来越小。

从这些企业家身上，我们看到了两个字：胆识。其实，这两个字是所有企业家的共同特质。因为胆识是成就大业的基础，胆识是改革创新的前提，胆识是扫除一切障碍、颠覆传统、大胆创新所必备的内在精神力量。如果一个企业家缺乏胆识，做事畏首畏尾、瞻前顾后，也就永远不可能成功。

我们生活在颠覆和变革的时代，这个时代的企业，每天都在迎接市场的变革，要么在变化中被淘汰，要么在变化中升级；要么在变化中死亡，要么在变化中重生。这个世界唯一不变的就是变，而支撑我们所有改革的基础，就是胆识与魄力。

你要问问自己：我是否具备足够的胆识？如果答案是肯定的，那你一定能做大事业，能实现人生的终极价值。

第六章 把握思想内核,激发创新源泉

第七章 "互联网+"时代传统企业的创新与破局

伟大的企业源于伟大的梦想

> 一个人什么都可以失去，就是不能失去梦想。一旦失去梦想，就意味着失去了成功的可能性，生命将趋于静止，再也不可能有发展、有前途。

伟大的企业源于伟大的梦想，一个企业家想升级为创新型企业家，首先应拥有的思想内核是梦想。

我们经常讲一句话："改变这个世界的不是科技，而是梦想。"为什么？因为人不会为了做科技而做科技，我们追求科技进步，是为了赢，为了梦想，为了改变这个世界。所以说，改变是世界不断发展的原动力，而梦想是改变的基础。

马云被评选为CCTV中国经济年度人物的时候，在颁奖现场曾经说了一段话，这段话堪称是对梦想的完美诠释："几年前，在长城上，我跟我的同事们想创办全世界最伟大的中文网络公司，我们希望全世界只要是商人，就一定要用我们的网络。当时这个想法很多人认为是疯子的想法。这些年里很多人认为我是疯子，不管别人怎么说，我从来没有改变过一个中国人想创办全世界最伟大公司的梦想。1999年，我们提出要活80年，在互联网最痛苦的时候——2001年、2002年的时候，我们在公司里面讲得最多的词就是'活着'。如果全部的互联网公司都死了，我们只要还活着，我们就赢了。我永远相信只要永不放弃，我们还是有机会。最后，我们还是坚信一点，这世界上只要有梦想，只要不断努力，只要不断学习，不管你长得如何，不管是这样，还是那样，你都有可能成功。男人的长相往往和他的才华成反比。今天很残酷，明天更残酷，后天很美好，但绝大部分是死在明天晚上，所以每个人不要放弃今天。"后来，阿里巴巴上市时，马云在纽交所敲响上市钟前穿的T恤前后各写着一句话，这两句话是："梦想一定要有的"和"万一实现了呢？"

我们可以清晰地看到，所有成功的公司，并不是因为他们的创造者多富有才成功的。很多知名企业，都经历了披荆斩棘的艰苦历程。苹果是在乔布斯家的车库里诞生的，华为是在深圳的一家破破烂烂的小厂房里成立的，几乎所有中国的乃至全世界的高科技互联网公司诞生的雏形，都是由少数人组成的草根型公司。他们之所以能创造巨大的成就，是因为他们有伟大的梦想，有改变这个世界的决心。

马云是这样的，宗庆后、任正非、柳传志都是这样的。他们在刚开始创业时，也不过是普通人，没有背景，没有资源。他们与普通人最大的区别，就是他们有伟大的梦想。

一个人什么都可以失去，就是不能失去梦想。一旦你失去了梦想，也就意味着，你失去了成功的可能性，你的生命将趋于静止，再也不可能有发展、有前途。所以，企业家必须具备一种"画饼"的能力，一个不会"画饼"的老板是没有前途的。所谓"画饼"，就是造梦，就是给自己、给别人画一个看似遥不可及却又能激发热情的美好梦想，促使所有人努力去实现梦想。

我们还会发现一件有趣的事：很多成功的企业家，在没成功之前，都会被别人说成是"疯子""傻子"，甚至"神经病"。就像马云，在他的创业生涯早期，"骗子"是他最早的标签。"骗子"的称号，最早要追溯到马云的中国黄页时代。在1995年马云刚从美国触网归来时，中国人对"因特耐特"这个东西几乎一无所知。就如同1960年代美国人评论电视机一样，"谁会一直盯着一个正方形的盒子看呢"，直到电视成为"美国梦"一个不可或缺的部分，他们才感觉到以前那种落后的想法有多么可笑甚至愚蠢。自己对互联网都只是一知半解的马云，在1995年那个时代就承担着向国人推销"互联网将改变人类生活的方方面面"这一伟大理念的重要使命，试想谈何容易？

于是，兔子先吃窝边草，马云就从身边的朋友开始"骗"起，一直"骗"到西子湖畔赫赫有名的望湖宾馆；从杭州城的大街小巷，一直"骗"到北京城的权威媒体。其间，马云还经历了"李鬼遇上李逵"的心酸，一分钱没赚，被几个深圳老板——几个真正的大骗子狠狠宰了一刀。个中滋味，唯有马云自己才能体会。

实际上，到1995年8月，马云"骗子"的"罪名"已经随着那张从大洋彼岸的美国历经3个半小时才从网上下载下来的资料而正式得以"平反"。但是，后来的马云扶摇千里，的确成了"骗子"：他"骗"来了蔡崇信，"骗"来了哈佛的35名MBA，"骗"来了一大群和他同舟共济的伙伴们。几乎任何与马云有过深度接触的人，都会莫名其妙地被他"电"几回，甚至要被他"骗"一回。正如当年在北京帮马云做了《书生马云》节目的那位同乡好友说的，"他（马云）就像一剂毒药，把所有的不可能都变成可能了。"

后来，马云又变成了众人眼里的"疯子"。1999年，当全世界的互联网企业都克隆美国模式时，马云却疯狂了一回。他颠覆了所谓的"2/8定律"，提出了"8/2定律"：为中国80%的中小企业服务。并美其名曰"听说过捕龙虾富的，没听说过捕鲸富的。"2000年，全世界的网络弄潮儿绞尽脑汁从投资人口袋中圈钱时，马云又"发疯"了——他居然拒绝赫赫有名的全球"网络风向标"、日本软银公司的老板孙正义的3500万美元，理由是"钱太多了，我不能要。"于是，脑子一热，这个"疯子"只收了2000万美元。

2003年，全球电子商务巨头eBay收购国内C2C（个人对个人）

老大易趣，强强联合，准备独霸中国网拍市场。同年 5 月，马云又做了一个大胆的决定：进军 C2C，向 eBay 易趣挑战。当时阿里巴巴的首席技术官、曾在雅虎美国工作过数年的吴炯一听马云这个想法就吓呆了："Jack，你疯了吗，我在雅虎跟 eBay 交手了那么多年，输得心服口服，那是个可怕的巨人……"马云不为所动。2003 年 7 月，阿里巴巴在上海、杭州、北京同时宣布：投资淘宝网，进军 C2C 领域！

后来，马云到美国给华尔街的分析师做路演，此时离淘宝上线运营已经过去几个月了。马云讲到淘宝未来的发展前景时，基金经理们的表情顿时"晴转多云"，而其中一位更是"愤然离去"。过了几分钟，这位分析师突然转身又回来，给马云扔下一句话："eBay will win（eBay 会赢）。"结果，不到两年时间，淘宝网占领中国 C2C 市场 70% 的份额，而那个强大的对手 eBay 则止损出局。

谁能想到，这个"骗子""疯子"，现在竟然成了全球知名的商业领袖！的确，在追求梦想的道路上，没有一点偏执狂、疯子的精神，是很难成功的。

为什么？因为一个人只要很现实，他就失去了梦想。梦想是未来的，现实是现在的，鱼和熊掌不可兼得。很多时候你作决策，是立足于现在的，自然就失去了梦想。当你把一切的结果和标准都围绕现实而建设的时候，那你的企业是没有未来的。

所以，现在你就知道，如果你想真正地触摸成功，你必须成长为一个什么样的人了吗？一个超越常人的人，一个"不正常"的人，一个有梦想的人，一个不现实的人，一个有疯狂想法的人。但你一定要真正行动起来，因为只有把梦想变成现实，才是成功。

坚守内心的信念

> 拥有信念的人,才会在前路渺茫的时候,依然坚定地相信自己会成功,并且会投入自己所有的精力、时间、财富,甚至不惜冒巨大的风险,坚持不懈地努力、奋斗。

创新型企业家的第二个思想内核是信念。在这个世界上,信念是免费的,谁都可以在自己心中种下一个信念。信念就是所有奇迹的萌发点,几乎所有的成功者,都是从一个小小的信念开始努力的。信念是一盏灯,因为有了它,人心才会充满光明,并坚定地走下去,只要不放弃努力,就会迎来属于自己的成功。

信念是一个人工作与生活的主心骨,我们需要信念做支撑,它可以让人的心灵无视困难,看到彼岸和希望。如果一个人心中没有了信念,就等于把自己推向了无路可退的悬崖。而有了信念,一切的不可能都能变成可能……只要你不放弃信念,你就会所向披靡,无往不胜。

为什么信念在成功的过程中如此的重要呢?因为成功的道路都是崎岖坎坷的,拥有信念的人,才会在前路渺茫的时候,依然坚定地相信自己会成功,并且会投入自己所有的精力、时间、财富,甚至不惜冒着巨大的风险,坚持不懈地努力、奋斗。

日本有一位非常著名的因为坚持信念而获得成功的人,他的名字叫原一平。日本有上百万人寿保险推销业务员,他们或许不知道日本几十家人寿保险公司的总经理是谁,却没有一个人会不知道原一平。他曾经连续16年保持日本保险业全国销售业绩第一,创造了一个辉煌的历史,被誉为"推销之神"。是什么让他选择了推销这个行业,并且取得了如此辉煌的成就?答案是两个字,信念。

23岁那年,原一平带着行囊走出了家乡那片狭小的天地,来到东京闯荡。但是,对于一个既没有学历也没有什么拿手技能的人,生存谈何容易?

他先后去过很多公司应聘,但面试官一看他身高不到一米五、瘦弱不堪的样子,都纷纷摇头,或生硬或委婉地拒绝了他。但是原一平并没有因此而气馁,他继续奔波在找工作的路上。经过不懈努力,他最终成为明治保险公司的一名推销员。没有经验,更不懂推销技巧,原一平连续几个月业绩都排在倒数几名。

失败没有击垮他,反而激起了他不服输的斗志,他告诉自己:"要想过得更好,你必须赢得第一!"这个信念,也伴随了他一生,正是在这个信念的支持之下,他才在面对客户的时候坚持、坚持、再坚持,直到把不可能变成可能。

在他刚涉足寿险行业时,有人向他推荐了一个潜在客户。原一平只知道这个人是一家公司的总裁,叫L先生。其他信息一概不知。用心准备一番,原一平信心满满地前去拜访L先生,但不巧的是,每次L先生都不在家,只有一位老人招待他。但原一平没有放弃,他接二连三地上门拜访,有时早上去,有时晚上去,但奇怪的是,总裁一直不在家。原一平感到蹊跷,于是就对L先生进行了更深入地了解,最后他隐隐发觉,原来那位老人竟然就是L先生。这次是原一平对L先生进行的第72次拜访,他没有像往常一样转身离开,而是说出了那位老人的真实身份。L先生看到自己已经被认出来,再也不好意思拒绝他了。

原一平曾在自传里写道,"天生永不服输的牛脾气养成了我的缠劲与拼劲,任何准客户不到水落石出,绝不罢休。我曾经在一个准客户门前从早上9点等到晚上11点，整整站了近14个小时，中餐与晚餐都没吃，苦不堪言。为了这件事，我不仅受到妻子的指责，而且自己也扪心自问：难道非这么做不行吗？难道说不这么做就没饭吃了吗？经过再三思索，我发现那么辛苦的工作，既不为钱（我的钱已够用了），也不为吃饭（我现有的储蓄够我吃一辈子了），我只能说：'因为那是我的工作，我必须忠于工作。'一个推销员在遭遇挫折或失败时，能够永不认输，抓住目标不轻易松手，坚持到最后胜利，那么他就与成功的桂冠近在咫尺了。"

实现梦想的过程是一段漫长的征途，会遇到很多磨难，中间的一个小小的曲折都有可能让你跌倒，甚至想要放弃，如果没有强大信念的支撑，没有坚定不移的定力，你根本就走不下去。古语云："行百里者半九十"，因为没有内心的信念支撑，很多人倒下了。成功的企业家，必须要有坚定的毅力和强大的信念。

肯德基的创始人哈兰·山德士，40岁时在肯塔基州开了一家加油站。加油站的生意虽然不温不火，但足以维持生计。日子就这样平淡地继续着，但厄运突如其来。第二次世界大战爆发，政府开始施行石油管制，山德士的加油站不得不关门。

加油站的关闭使山德士如坠深渊，更糟糕的是他还欠下了一大笔债务。为了还债，他花光了所有积蓄，从一个受人尊敬的中产阶级，一下子变成了穷人。这时的山德士已经56岁了，他的全部经济来源，只有每个月100多美元的救济金，根本无法维持生活。

山德士苦苦思索，该如何摆脱困窘。他忽然想起，自己以前曾在加油站卖过炸鸡，顾客们对此赞不绝口。犹他州的一个饭店老板听闻此事，就购买了他的炸鸡配方，每卖出一只鸡，就付给他5美分的报酬。山德士想，如果还有人愿意购买他的炸鸡配方，那么他就可以从中获得提成。于是，56岁的他开始了自己的二次创业。

就这样，山德士带着一只压力锅、一个作料桶，开着他破旧的汽车上路了。他停在路过的每一家饭店门口，为老板和店员们表演炸鸡，请他们试吃，向他们兜售自己的炸鸡配方。

虽然他的炸鸡很好吃，但是没人愿意相信他，很多饭店老板甚至觉得这个怪老头是来捣乱的。整整两年，他被拒绝了上千次。但是他并没有气馁，依然坚持自己的推销旅行。功夫不负有心人，他终于听到了一句"好吧！"这句肯定，对山德士意义非凡，从那之后，越来越多的人愿意接受他的炸鸡配方了。

1952年，第一家被授权经营的肯德基餐厅正式建立，这便是世界上餐饮加盟特许经营的开始。紧接着，令更多的人惊讶的是，山德士的业务像滚雪球般越滚越大。短短5年内，他在美国、加拿大发展了400家加盟店。如今，肯德基已经发展成为世界上最大的炸鸡快餐连锁企业之一，在世界各地拥有超过15000家的门店。

这就是信念的力量！

有一次，我和我的学生一起去阿里巴巴考察，还拜访了马云，马云说的一段话，令我印象至深。他说阿里巴巴走到2002年的时候才赚到一块钱。在这个过程中，有好几次，公司的资金都已经耗尽，连员工的工资都发不出来。但尽管已经山穷水尽，他依然坚守自己心中的信念，他相信他做的事业一定会成功，相信电子商务有一天会改变整个世界。正是有了这股信念的支撑，才有了今天庞大的阿里帝国。

所以，任何一个想要成功的企业家，都必须树立强大的信念，这种信念可以让你度过黑暗、孤独，让你直面压力，让你勇敢承担起责任。拥有坚定不移的、超越常人的信念，才能越过险峰、踏遍河流，才能够把梦想变成现实。

善于把握时代机遇

> 所有企业家的成功，无论是比尔·盖茨、马克·扎克伯格，还是王健林、马云，都是由天时、地利与人和共同成就的。而在这些因素里，对机遇、趋势的把握，发挥着最为关键的作用。

创新型企业家思想内核的第三个要素是机遇。我们经常会讨论，是英雄造时势，还是时势造英雄，其实，所有人都明白，英雄都是善于把握时势的人。

所有企业家的成功，无论是比尔·盖茨、马克·扎克伯格，还是王健林、马云，都是由天时、地利与人和共同成就的。而在这些因素里，对机遇、趋势的把握，发挥着最为关键的作用。我们可以说，这些伟大的企业家，都是善于把握时代机遇的企业家。

20世纪80年代初期，改革开放的大幕刚刚拉开，机遇层出不穷。很多人抓住了机会，开始打造属于自己的事业。

在浙江，海盐衬衫总厂厂长步鑫生打破大锅饭，实行联产计酬制，成为家喻户晓的具有独创精神的厂长。

在河北，石家庄造纸厂的业务科长马胜利毛遂自荐当厂长，推行"层层承包，责任到人"的管理机制，"马承包"举国闻名，"一包就灵"的奇迹吸引成百上千家国有造纸厂前来加盟。

云南的褚时健在当地已经名声大噪，他投入2300万美元巨资，大胆引进国外先进卷烟设备，而玉溪卷烟厂的固定资产当时只有

7000万元,这次冒险一搏成为褚时健和玉溪卷烟厂的重要转折点,"红塔山"从此风靡中国。

在四川新津,刘永言、刘永行、刘永美、刘永好四兄弟"脱公服"回农村养鸡的消息在小县城炸了天,虽然差点因为拖欠货款血本无归,却始终咬牙坚持,直至缔造出新希望集团庞大的商业版图。

李经纬的健力宝在1984年的洛杉矶奥运会上大放异彩,这种橙黄色饮料的味道几乎成为一代人的集体记忆。

这些善于把握机遇的人,最终无不成就了一番非凡的事业。

而到了互联网时代,因为把握时代机遇而成功的人也比比皆是。

雷军有句名言,"站在风口上,猪都会飞起来",而他一手打造的小米正是这句话的真实写照。小米诞生的2010年,那时诺基亚奄奄一息,抱着塞班的小腿不放,誓死不投奔安卓阵营;苹果开创了智能手机的新纪元,在那以后的很长时间里,手机分为两类:iphone和其他。新技术正以摧枯拉朽之势袭来,移动互联网正在颠覆一切。

正在这时,小米推出了小米手机,小米给这款手机的定位是"互联网手机"。通过互联网来研发,也通过互联网来发行,完全省去中间渠道。价格上,主打性价比,一度把智能手机的价格战拉低到千元级别;MIUI系统的更新迭代,也跟上了互联网速度,基本上做到了每周更新。

小米很懂互联网,而互联网思维就是口碑为王,口碑的本质就是让用户有参与感。为此,小米专门设计了"橙色星期五"开发模式,每周五MIUI定时更新。随后,用户可在下周二上交体验报告,小米再根据反馈适当调整。

依靠论坛,小米抓住了一批狂热的手机发烧友,他们亲切的自称为"米粉"。米粉的故事从论坛开始,却不是以论坛结束。小米曾在微博上发起过一个活动"我是手机控",用户只需在活动页面选择相应的机型，便可生成一张图片和文案，随机分享到微博。这个活动最终吸引了 100 万用户参与，大部分人都转化成了米粉。小米手机 2 上线的时候，举办过一次微博专场。5 万台手机，在 5 分钟之内被抢购一空。活动结束后，小米官微曝光量达 2.3 亿次，增加了 80 万粉丝。

2018 年，小米在港交所上市，市值超过千亿美元，这家"站在风口上"的公司，创造了一个奇迹。

不同的时代，有不同的机遇。每一次新商机的到来，都会造就一批伟大的企业家；因为当他人不理解他在做什么的时候，他们清楚自己在做什么。当他人理解了，他们已经做出了一定的成就。这个世界从来不缺乏机遇，只是缺少能及时抓住机遇的人。

所以，所有企业家都必须学习一种能力——与时俱进，驾驭风口。因为只有能把握风口、与时俱进的人，才能快速走向成功。

创新型企业家

创新是企业发展的核心动力

星星之火可以燎原，创新能力是企业发展的不竭的原动力，也是企业永恒的核心竞争力。

成为创新型企业家，其思想内核中要具备的第四个要素是创新。

可能有人还记得，在阿里巴巴几年前举办的一次"双十一"庆典上，马云以一个非常独特的造型上台亮相——戴着一个白色的凤冠，这个造型让人们大跌眼镜。有些人说，作为一个全球知名的企业家，马云怎么能打扮得这么"妖里妖气"？在常人眼中，传统的企业家应该西装革履才符合其社会形象。因此，当马云的形象与其身份和地位不太搭配的时候，他们觉得无法接受、难以理解。

其实，马云之所以会为自己打造这样一个形象，是因为他身上的创新基因。

传统的企业家遵循的是传统思维，而像马云这样的创新型企业家拥有的却是创新型思维。所谓创新型思维，追求的就是个性化和与众不同。马云令人惊讶的造型，也正是其创新精神的一种体现。

这种创新精神，正是企业家精神的内核，也是基本底色。著名经济学家熊彼特曾经给企业家精神下了一个定义："做别人没做过的事，或是以别人没用过的方式做事"。企业家的骨子里有了创新的基因，才能为企业持续注入新鲜的活力，才能带领企业在突破中前行。唯有不断创新，企业才能活得好、活得长，才能紧随时代的节奏乃至成为引领者。

第六章 把握思想内核，激发创新源泉

创新是所有企业发展的核心动力，是所有企业脱颖而出的机会。未来，无论我们是要获得资本市场的关注，还是要获得项目的成功，都取决于我们是否具备核心竞争力。而这个核心竞争力，就是我们引领创新的能力。这种能力是别人没法超越的。

我们可以清晰地看到，任何一次技术的创新和变革，都可以让一个传统的企业走向消灭，也可以让一个新生的企业快速地走向辉煌。在数码时代，曾经的胶片巨头柯达、富士因为数码技术的创新被尼康、佳能彻底取代，最终退出市场。海尔以白色家电起家，现在仍然固守白色家电领域，没有变革，没有发展。然而，后来者小米，虽然没有任何电器设备制造的基础，却做出了让中国人眼前一亮的成绩，不但推出了小米电视、小米空气净化器，还推出了销量在世界上排名非常靠前的小米手机。

当然，创新不只在产品，更在体制和文化。华为花了28年时间向先进的欧美公司学习管理，每年花上亿美元请IBM顾问团队来帮助管理企业，这样才使得华为的生产过程走向了科学化、正常化。这种持续创新和学习的理念，值得所有企业家学习。

从无到有是创新，渐进式改良也是创新。一直以来，我们对创新都存在一个误区，认为创新就是做出前无古人后无来者的壮举，从而推崇开天辟地的路径。不过，几乎大多改变世界的发明以及全球顶级品牌的创新，遵循的都是"渐进式改良"的路径，先模仿、学习，再创新、超越。

1885年12月，美国亚特兰大药剂师约翰·彭伯顿在自家后院，从早到晚往简陋三脚架水壶中添加各种液体或粉末、树叶。他尝试在葡萄酒中添加各种植物萃取物，希望新饮料能避开佐治亚州禁酒令的限制。为减轻植物的苦涩味道，他加入糖、柠檬酸、碳酸盐……一次又一次品尝棕色糖浆的味道。1886年，彭伯顿终于发明出这个星球上最伟大的饮料之一——可口可乐。

其实，可口可乐只是在当时已经普及的古柯葡萄酒的基础上所进行的"微创新"，并非惊世骇俗的发明。同样，无论是奔驰、宝马，还是苹果、三星，这些世界级顶级品牌的创新，都是"渐进式改良"的创新。这种创新很少有颠覆性创举，而是在原有基础上经过不同的排列、组合，产生很多不同的效果。

过去30多年，中国企业习惯并擅长微创新，将欧美、日韩发达国家的先进产品或技术加以复制改进之后引入中国，继续发挥甚至提升产品价值，享受创新红利。经济学家林毅夫对全球经济和商业形势非常了解，他也认为，这种模仿加改进的方法非常适用于目前的中国，中国的创新不一定非要走发明创造的路。

创新绝不是一蹴而就的，而是一个持之以恒、循序渐进的积累过程。是对职业的敬畏、对产品负责的态度，以消费者的需求为导向，不断追求完美和极致，给客户无可挑剔的体验。这就要求，我们必须把一丝不苟、精益求精的工匠精神融入每一个环节，不断提高满足消费者需求的能力。

不过，我们不是为了创新而创新，企业创新的目的是为顾客创造价值，让企业健康持续发展。因此，创新必须回归根本，坚守根本价值。想要做时代的成功企业，就必须始终抓住经营的本质不放，也就是经营的"诚信、品质、创新和服务"；要抓住消费的本质不放，即始终"为消费者创造价值"。

所以，今天我们必须清楚了解一点：作为一个企业经营者，小到经营一家餐馆，大到经营一个上百亿、上千亿的上市公司，都必须具备创新能力。如果你不具备创新能力，只有copy（复制）和跟风的能力，那么，你的企业很难成功。因为你没有独特的东西，不能带给别人不同的体验。只有不断创新，能够引领未来，你的企业才能不断发展。即使是一家小小的饭店,在一间三室两厅的房子起步,五年、十年之后,也能开成拥有无数分店的连锁品牌,也有可能打造成一个规模巨大的上市公司。

星星之火,可以燎原,创新能力是企业发展的不竭原动力,也是企业永恒的核心竞争力。

第六章
把握思想内核,激发创新源泉

创新型企业家

唯有专注才能做到极致

> 只有专注才能成功，只有专注才能专业，只有专注才能做到极致，只有专注才能让企业拥有核心竞争力。

成为创新型企业家思想内核的第五大要素是专注。什么是专注？就是集中所有的精力、资金、价值和资源于一个点，使其不断聚焦、放大，取得战略性突破。

华为为什么能挑战阿尔卡特、打败朗讯，成为通讯领域的世界第一？正是因为专注。2016年，鲜少在媒体上露面的任正非破例接受了新华社记者的采访，在位于深圳龙岗坂田的华为总部，他们促膝长谈了3个小时，当记者问及华为成功的基因和秘诀时，任正非回答道："华为坚定不移28年只对准通信领域这个'城墙口'冲锋。我们成长起来后，坚持只做一件事，在一个方面做大。华为只有几十人的时候就对着一个'城墙口'进攻，几百人、几万人的时候也是对着这个'城墙口'进攻，现在十几万人还是对着这个'城墙口'冲锋。密集炮火，饱和攻击。每年1000多亿元的'弹药量'炮轰这个'城墙口'，研发投入近600亿元，市场服务投入500亿元到600亿元，最终在大数据传送上我们领先了世界。引领世界后，我们倡导建立世界大秩序，建立一个开放、共赢的架构，有利于世界成千上万家企业一同建设信息社会。"

专注是华为的基因，从刚开始创业起，任正非的目光就锁定在通信业，几十年如一日，从未转移。

1992年,房地产市场瞬间引爆,人人都知道"搞房地产最赚钱"。"房地产"这三个字就像是一块已经在火炉里烧得滚烫的烙铁一样,刚被投入到资本的水池里就"呲啦"一声溅起一片水花。

改革开放之前,我国的房地产市场几乎一片空白。1992年春,邓小平发表了视察南方讲话,这年10月,党的十四大明确提出,我国经济体制改革的目标是建立社会主义市场经济体制。同年11月,国务院发布了《国务院关于发展房地产业若干问题的通知》,第一次清晰地勾画出了房地产市场体系框架,提出了一系列推动房地产业发展的政策措施,包括进一步深化土地使用制度改革、继续深化城镇住房制度改革、建立完善的房地产市场体系等。

从1992年下半年到1993年上半年,房地产开发公司如雨后春笋一般萌发,但炒地皮、炒项目等房地产市场活动也异常活跃,在部分地区比如海南、广西北海等地房地产开发还出现了过热的现象,并迅速形成较严重的房地产泡沫。据不完全统计,1992年底,全国共有房地产开发公司12000多家,是1991年底的3倍。特别是海南岛地区,因为这一场房地产暴热,造就了数不清的百万、千万富翁。

"要想富,干房地产是条路"——在当时的深圳,很多人喊出了这样的口号。置身在房地产开发大潮中,任正非却没有被冲昏头脑,他清醒地认识到,房地产大热过去后,严冬必将到来。华为要始终保持理性,坚持做自己应该做的事业,绝对不能一时冲动失去理智、转移方向。

任正非的高瞻远瞩,在不久之后就得到了证明。房地产经过高速发展后,1993年6月,中央召开经济工作会议,作出了对经济进行宏观调控的决定,房地产迅速降温。大量房地产公司血本无归,债务缠身,一蹶不振。

只有在潮水退去时，你才会知道谁在裸泳。海南房地产热浪应声而落，数千家开发商卷款逃离，留下遍地烂尾楼。据1992年在海南"淘金"的潘石屹回忆，他在海南靠炒房、炒地挖来了自己的第一桶金，挣到了第一个100万元。他去当地政府核实一个项目的审批情况，查阅有关内部资料，意外发现海口市在建人均住房面积已达50多平方米，而同时期北京人均住房面积才7平方米。潘石屹意识到，"海南的房地产要出事了"，他立刻和6位合伙人分了家，并撤回北京发展。想想那段惊险的情况，潘石屹至今都感到心有余悸。

不过，从房地产行业的大热中，任正非也看到了华为的机会：国民经济大发展，房地产火爆发展，必然会带动电信业的大提速，程控交换机需要求量一定会越来越大。任正非当然不会放过这个千载难逢的大好机会。

于是，当国内的房地产行业就像坐过山车一样从暴涨到暴跌时，任正非却始终坚持着一个目标：深耕通信业，一条路走到底！他甚至把"专注"写进了《华为基本法》：为了使华为成为世界一流的设备供应商，我们将永不进入信息服务业。

马云也是一个专注的人。马云非常清楚自己的最终目标是什么，所以从踏上创业之路开始，不管潮流怎么变，不管出现多少概念、机会，马云始终坚持"只要是商人，就一定要用阿里巴巴"的目标，沿着电子商务的道路一直走下去，其他的机会、行业即使诱惑再大，也决不涉足。比如那时兴起的房地产，尽管阿里巴巴的高管们在谈论到这个的时候，都忍不住说："如果我们做了房地产，那就赚大了……不过，这钱，不是我们赚的。"在阿里巴巴发展的道路上，还有很多类似的诱惑和挣钱的机会，但只要与电子商务无关，马云都对它们说了"不"。

2002年底，互联网行业开始回暖。阿里巴巴、新浪、搜狐等网络公司都相继实现盈利。当时很多人认为："阿里巴巴拥有那么多有价值的注册客户，具备了开拓任何领域的最佳条件。"而阿里巴巴也确实在寻找新的机会和新的增长点。"那时候我们的想法是，阿里巴巴已经赢利了，而且发展趋势相当平稳，也是开始寻找新的机会和新的增长点的时候了。"这是阿里巴巴高层的表述。

当时，马云面前有三条路可走："盈利的最好办法第一条是收短信，第二条是迅速投资网络游戏，第三条是走电子商务路线。"

投资游戏、短信可以迅速盈利，而电子商务可能要5年后才赚钱。是投资游戏、短信还是继续做电子商务呢？马云最终的选择仍然是继续做电子商务。在回应当初的决策时，马云是这么说的：

"如果我们投资短信很快会赚钱，2002年、2003年短信业务拯救了中国互联网很多站点。只要投入就能够赚钱，但是我后来发现它不可能从根本上拯救中国互联网经济，只能够拯救一段时间。"

"我去一些门户站点作调查，说你可以注册一个免费的邮箱，我看到有一个很长的合同，在一个合同里面我看到中间很细的一条，写着如果你这个免费邮箱三个月以后还将继续使用的话，那么我们将会从你这个手机号码里面扣除5块到8块钱。我想一般的人是不会去看合同的，我不知道在座很多人你们会不会看每一份合同。我开始也很奇怪，为什么注册免费邮箱需要我的手机号码，我看了这个合同之后感觉到中国可能有很多很多的人，在免费注册的时候给了自己的手机号码，使得每个月都扣5块到8块，我认为这是一种欺诈行为。随着人们对网络了解的加深，我相信不用很长时间，人们马上就能意识到这是一个骗局，所以阿里巴巴不希望通过欺骗客户的钱来让自己赚钱。所以我放弃短信。"

"不做游戏这是跟我的价值观有关，阿里巴巴到现在为止在游戏上面没有投入过一分钱。那是两年前我妹夫跟我说的一件事情，改变了我对游戏的看法。我妹夫一天早上跟我说，说我昨天跟你妹妹玩游戏玩到早上3点半，你妹妹去上厕所的时候我又偷偷地玩了半个小时，我被他吓了一跳，我妹夫是一个很能干的小企业家，这么一个成年人并且是一个很精明的人，竟然玩到半夜3点半甚至没有一点儿自控能力，想想我们的孩子会怎么样。我不希望我儿子玩游戏，如果中国孩子都玩游戏，中国就没有前途可言了。而且通过分析，我发现在全世界时间不值钱的国家里游戏是最畅销的。你会发现全世界最先进的游戏国家是哪些，美国、韩国、日本，但是这些国家永远不鼓励自己的老百姓玩游戏，它用来出口。有一天我们的领导突然会醒悟过来问我们的孩子在干什么？如果在玩游戏的话，一定要对它进行限制，因为游戏不能改变中国的现状。所以我说不做游戏，饿死也不做游戏。"

在短信、游戏和电子商务这三个业务中，马云还是最看好电子商务的前景。所以，"我们还是坚定不移地做电子商务，尽管我们相信电子商务也许3年，也许4年、5年都挣不到钱，但我们坚信8年、10年一定能够挣到钱。"

如今，阿里巴巴已经成为全球电子商务的著名品牌。在电子商务领域，它将对手远远地抛在了后面，马云更是宣称："拿着望远镜也找不到对手。"这一切都是阿里巴巴对其他机会、诱惑说"不"，坚定不移地走电子商务道路的结果。正如马云所说："我们第一天集中在B2B，今天还是如此。不管外面的潮流怎么变，我们学习，但是不跟随、不拷贝。后来各种概念很多，阿里巴巴也面临很大的压力，也有很多其他的机会，在这一年半时间内我们面对机会斩钉截铁地说了无数次的'不'。我们朝着既定的方向往前走，不管外面怎么千变万化，我们还是不受干扰，走自己的路，用心去做。"

企业的资源是有限的，企业家的能力也是有限的。要想在任何一个市场上获得极致性、突破性的成功，就必须比别的企业做得更好，比别的企业创造更多的价值。因此，资源不能分散，只能选择一个点，不断打强，才能获得相对优势和相对竞争力。相反，如果一家企业同时进入很多领域，把资源不断分散到其他行业，最终必然导致盘子太大，补给不足，而且会削弱主业的竞争力。最终，导致企业精疲力竭、焦头烂额，弹尽粮绝，资金链断裂，甚至破坏企业的生存之本！

雅戈尔的例子就足以令很多人受到警示。1979年，雅戈尔以服装产业起家，后来逐渐发展成了中国服装行业的龙头企业，其主打产品雅戈尔衬衫、西服等常年保持市场综合占有率第一位。

1992年，雅戈尔开始涉足房地产行业，在宁波、苏州等地先后开发了东湖花园、苏州未来城、海景花园、钱湖比华利等大型楼盘。继房地产之后，雅戈尔又依托凯石投资，向资本市场发起进攻，曾经参与了九家上市公司的定向增发投资，持有PE投资以及其他投资项目多达数十个。从2010年以来，雅戈尔更是加大了对外投资的力度，从北汽福田、徐工机械、中国国航、凌云股份到宁波银行、海正药业，都能看到雅戈尔的认购，雅戈尔一度曾经成为上市公司非公开增发"认购王"。

雅戈尔涉足的行业非常多，既有汽车、制造业、电力，也有医药、酿酒、金融，每个行业对于雅戈尔来说都是一个新的领域，都需要劳心劳力，时间一长，它渐渐尝到了"儿多母苦"的滋味。

首先陷入泥潭的是地产业务。随着国家对房地产调控力度的加大，2011年雅戈尔房地产交付减少了32.34亿元，收入和营业利润同比下降46.94%和32.12%，2012年底，雅戈尔的存货余额总量大约为234.73亿元，除去服装业务的库存金额15.21亿元，地产业务的库存达200多亿元，占雅戈尔流动资产的七成。2013年6月20日，雅戈尔不得不终止杭州申花地块的开发。投资接连失利也使雅戈尔雪上加霜。到 2013 年 5 月底，雅戈尔持有的限售股几乎无一例外地全都跌破了增发入场价。

直到这个时候，雅戈尔才恍然大悟：要养活这么多"孩子"，不是一件容易的事！这时，他们又想做回自己的主业了，然而，现在的市场环境已经发生了巨大的变化，要想在服装业重振雄风，已是难上加难。

因为不够专注而走向衰败的企业还有很多。现在的很多的民营企业，在成长的过程中难免会遇到来自各个行业、各个业务的诱惑，于是盲目扩张，有的搞房地产，有的搞酒店，还有的是当下什么热门就搞什么，在企业还没有成长为巨人、具有超越常人的核心竞争力之前就稀释了资源。这样的企业是不可能成长为世界级的 500 强企业的。

因为企业涉足的经营领域过多，恰恰说明，企业的注意力无法聚焦，不管是在资金、研发还是在人才上，都有可能出现不足，导致核心竞争力难以保持。

不过，我们也看到，今天的大部分企业已经相对多元化了，比如阿里巴巴，从金融到电商再到影视各个领域都有所布局，甚至还投资了体育、旅游等行业。从表面上来看，它似乎已经不专注了，但探寻其本质，我们发现，阿里巴巴依然保持着专注，因为它的多元化战略是一个商业系统，都是基于电商平台的流量变现和客户价值的深度挖掘，都是建立在 B2C 和 C2C 之上的。阿里巴巴所有业务板块，无论是大数据、云计算，还是支付宝、余额宝背后的核心价值，依然是淘宝和天猫带来的价值。如果去掉这两个电商平台的业务，恐怕阿里巴巴其他的板块和业务也将灰飞烟灭，正所谓"皮之不存，毛将焉附！"这就是专注的力量。

只有专注才能成功，只有专注才能专业，只有专注才能做到极致，只有专注才能让企业拥有核心竞争力。

坚持到底，永不放弃

> 世界上的所有成功都是坚持的结果。只有持续不断地努力积累，才能造就那光辉的一瞬间。

成为创新型企业家必须具备的第六大思想要素是坚持。什么是坚持？坚持与信念是一脉相承的，坚持是建立在强大的信念基础之上的，坚持就是永不放弃，就是做到最后为止。

我们可以清晰地看到，企业在成长的道路上，一定会遇到困难。没有任何一家企业会一帆风顺，在这里，我们要重申坚持的重要性，必须解释一种理念——回到成功。什么是成功？一个普遍的观点就是把梦想变成现实，而另外一个观点，就是把困难踩在脚下。成功就是做别人不愿意做的事，做别人不敢做的事，做别人做不了的事，做别人不相信能做成的事，做别人认为不可能的事。成功就意味着要战胜巨大的困难，要突破很多难关，就意味着比别人更优秀、更卓越。

所以，成功的过程就是一个奋斗的过程，成功的过程也是一个努力的过程。在这个过程中，我们会遇到很多艰难困苦，遇到很多挫折坎坷，那么，每次遇到难关的时候，我们都必须具备一种能力，就是坚持。

马云认为"永不放弃"是自己能够创业成功的重要原因，在他看来，"有时候死扛下去总是会有机会的"。从他1995年辞去大学教师的工作下海创办"中国黄页"到后来被迫离开中国黄页，创办阿里巴巴，再到阿里巴巴取得今天的辉煌成就，这一路上马云遭遇的挫折、困难是难以计数的，但马云凭着"永不放弃"的精神坚持了下来。早在1999年3月阿里巴巴刚成立的时候，马云就说过："即使是泰森把我打倒，只要我不死，我就会跳起来继续战斗！"

到2002年互联网企业最黑暗的时代，马云对阿里巴巴员工说的是"跪着过冬"，坚持下去，等待"春天"的到来。"中国网站6个月之内有80%会死掉，就像新经济，有70%的想法要扔掉，只有30%能实现下去。这时你跟竞争者拼谁能活着，谁能专注。不管多苦多累，哪怕是半跪在地下也得跪在那儿。跪着过冬，就是你站不住了也得跪着，不要躺下，不要倒。坚持到底就是胜利。如果所有的网站公司都要死的话，我们希望我们是最后一个死。这是个3000米的长跑，不是100米的短跑，所以我说，需要有兔子一样的速度，有乌龟一样的耐力。我们要学会半跪生存。"

最终，阿里巴巴不仅奇迹般地熬过"冬天"，活了下来，还实现了盈利。对此，马云说："很多人比我们聪明，很多人比我们努力，为什么我们成功了？难道是我们拥有了财富，而别人没有？当然不是。一个重要的原因是我们坚持下来了。其实放弃很容易，难的是坚持下去。坚持还是放弃，这一念之差的结果就是成功与失败的最大区别。网络人最重要的是不能放弃，放弃才是最大的失败。放弃是很容易的，但从挫折中站起来是要花很大力气的。结束，一份声明就可以，但要把公司救起来，从小做大，要花很多代价！英雄在失败中体现，真正的将军在撤退中出现。"

无独有偶，企业家王健林在中央电视台《开讲啦》节目中也曾经讲过坚持对于企业家来说是多么重要：

"任何成功都是不断完善的过程，只有坚持才能得到。比如创新，新的模式、新的科技、新的技术等都不可能一蹴而就，一开始只是灵光闪现或是一个简单的想法，是不完善不完整的，一旦投入实验，就会发现很多问题，甚至会失败。我们2000年开始从事商业地产，一开始我们不懂规划设计，以为傍上一个'大款'，就可以把旁边的商铺、房子卖得很贵，就能获得成功。于是我们跟国际连锁巨头沃尔玛签了一个发展协议，在沃尔玛商场的旁边，盖了很多的商铺销售出去。但销售以后出现了很大的问题，就是去超市的人群，大多是家庭妇女、老头、老太太，而我卖出去的商铺的经营者会选择收益较高的经营门类，比如服装，两者是不匹配的。但当时我们不懂。商铺卖出去之后，业主经营得不好，就开始告状。从2000年到2004年这3年多里，我们当了222回被告，打了222场官司，成天忙于打官司。中央电视台还给我们来了一期很长的曝光节目，说沃尔玛购物中心经营得不好云云，我们有的同事看完这个节目都哭了。

"社会舆论压力很大，官司一个接一个，所幸的是我们当时的销售合同是请法务制定的，比较完善，而且在市场经济机制下，应当是盈亏自负的。所以222场官司打下来，我们只输了2场，赢了220场。但就算赢了也是很不舒服，一天到晚当被告，业务就很难发展了。在这种情况下，不少同事都劝我，说咱们做地产做得顺风顺水的，为什么一定要搞商业地产呢？为什么一定要搞不动产呢？我们退回去做自己熟悉的生意得了。我也犹豫过，犹豫过很多次，我给自己和团队定了一个目标，做满5年，到2005年年底，如果还是这样咱们就撤回去不再搞了。从2005年开始，我们不再卖大型的商业设施了，而是做一个大的商场，旁边做住宅和写字楼，然后把住宅和写字楼卖掉。2004年开始设计、2006年开业的三大广场，我们当时号称三大战役，就是上海的五角场、宁波的鄞州、北京的CBD这三个广场的开业成功，彻底奠定了我们的信心，也使我们找到了正确的方向，所以才成为今天这么一家在不动产行业有点地位的企业。回过头去想一想，当时的那种困境和失败的教训，如果没有不折不挠的执着精神，没有对预定目标孜孜不倦的追求，是不可能走出来的，更不会有今天的成就。"

从马云和王健林的故事中，我们可以看出，他们从来没有觉得自己有多伟大，他们做出了这么了不起的企业，靠的是坚持。正是坚持的力量，让阿里巴巴和万达活了下来，还获得了一日千里的成长。

如果你的意志力不够坚定，你很容易就会放弃。当你不再坚持了，成功也就成为不可能的事。事实上，世界上的所有成功都是坚持的结果。只有持续不断地努力积累，才能造就那光辉的一瞬间。所以，成功的人都会说一句话："走自己的路，让别人说去吧。"

在面对困难的时候，在面对挫折的时候，在面对坎坷的时候，很多人会对你否定，甚至嘲笑你、谩骂你，说你无能，让你不要异想天开，但是只有你自己知道心中的那份坚持。只要你永不放弃，就能到达成功的彼岸。也只有坚持的人，才能成为得到最终结果的人。因为坚持就意味着能走完那段路，能实现心中的目标，能实现心中的梦想。

没有人能够不坚持就获得成功，这就是坚持的价值和意义。所以，在人生的历程中，我们要不断地冲向未来的目标，你要记住：每一次成功都需要不断的坚持。只有不断挑战、不断突破，我们才能实现当初的梦想。

敢于拼搏

> 拼搏是企业家的底色,也是企业家精神的重要内容。拼搏不仅是一种精神,更是一种行动,是敢闯、敢拼、敢试、敢为人先,用智慧和汗水迎接时代的挑战。

一个时代有一个时代的主题,一代人有一代人的使命。然而,不管身处哪个年代,拼搏都是中国人不变的精神。对于创新型企业家来说,拼搏也是其思想内核的重要因素。

人人都希望获得成功,但成功从来都不是唾手可得的。要想成功,需要战胜困难、披荆斩棘,而这离不开拼搏。什么是拼搏?是用自己的努力和汗水来向世界证明自己的实力,是不断地摔下去又不断地爬起来,直到到达目标的彼岸。

褚时健是中国商业史上的风云人物,他传奇而曲折的一生影响了很多企业家。

1979年,51岁的褚时健接手了玉溪卷烟厂并出任厂长,当时的玉溪卷烟厂是一家濒临倒闭的破烂小厂。上任后,他一手控制了产、供、销三个环节,并狠抓产品质量。18年后,玉溪卷烟厂成了亚洲最大、世界第五的烟草帝国,红塔山集团成了中国的名牌企业,褚时健成了中国的烟草大王。18年中,褚时健为国家创造了991亿元的税收,加上红塔山的品牌价值400多亿元(其他品牌价值没有评估),他为国家贡献的利税至少有1400亿元。

1995年2月,一封来自河南三门峡的举报信,终结了这一神话。褚时健被司法指控贪污和巨额财产来源不明罪，当时这个案子在全社会引起了广泛的关注。"他的问题其实没有那么严重"，"他被判重了"。这是当时社会上不少人的心声。最终，纪委领导以"过不掩功，功不抵过"，为这个案子定了调。1999年1月9日，褚时健被判处无期徒刑、剥夺政治权利终身，后减刑为有期徒刑12年。直到2011年，他才刑满释放。

2002年，也就是褚时健74岁时，还未服刑期满但因糖尿病获批保外就医的他，跟老伴儿承包了一片2400亩的荒山，一起种起了橙子，进行二次创业。从来没种过橙子的褚时健，一切从头学起，不懂的自己翻书看，找专家问，尽管不用自己拿锄头，但是果树每天长得怎么样、有什么问题，他比农民掌握得还仔细。

在橙园的管理中，褚时建习惯控制每个环节，就像当年管理烟厂一样。管理2400亩的荒山，他使用了以前的方法——和果农互利。他给每棵树都定了标准，产量上也定了数量，说收多少果子就收多少。这样一来，果农一见到差点儿的果子就主动摘掉，从不以次充好。

2012年，褚时健潜心种植10年后，2400亩地的35万株冰糖橙准备开卖，没想到一上市就引爆了市场，到处脱销。80多岁的褚时健因为褚橙，再次成为亿万富翁，拥有固定资产8000万元，年利润3000万元。

不愿服输的褚时健，如今已是高龄，依然还在奋斗！他说："不少20多岁的年轻人跑来问我为啥事总做不成，我说你们太急了，把事情想简单了，总想找现成、找运气、靠大树，没有那么简单的事，我快90岁了，还在摸爬滚打。"

拼搏是企业家的底色，也是企业家精神的重要内容。对企业家来说，拼搏是圆梦的唯一路径。拼搏不仅是一种精神，更是一种行动，是敢闯、敢拼、敢试、敢为人先，用智慧和汗水迎接时代的挑战。

玖龙纸业的创始人张茵也是一个敢打敢拼的"铁娘子"。2008年，一场灾难性的金融危机从美国蔓延到了全世界。玖龙纸业也被卷进了这场漩涡之中，只能苦苦挣扎。玖龙纸业以包装纸作为主要产品，客户群主要是那些大型消费品工厂，这些企业对于包装纸的消耗能力是巨大的，曾经为玖龙纸业带来了巨大的经济利润。然而，在金融危机的袭击之下，这些消费品工厂往往是最先遭殃的。它们是金融危机最直接也是最严重的受害者，2008年，这些企业逐渐开始减产、停产，甚至不得不倒闭破产以避免更大的损失。

当时张茵听到的最多的消息，不是这里的工厂停产了，就是那里的企业关门了。张茵清楚地知道这些消息意味着什么——玖龙纸业的客户正在以一种迅雷不及掩耳的速度流失着。如果说玖龙纸业曾经拥有市场上的一块令人垂涎三尺的蛋糕，那么，在金融危机中，这块美味的蛋糕已经变成了一支雪糕，融化已经成为一种无法避免的趋势。在玖龙纸业甚至整个造纸行业，一时间，人心惶惶，万马齐喑。

但越是在艰难的时刻，张茵身上的拼搏精神越是显现出来。为了应对日益严峻的市场形势，张茵首先决定对销售和采购政策进行适当的调整，压缩采购周期，尽可能减少冗余而又复杂的中间环节，最大限度地规避风险。在金融危机爆发之前，玖龙纸业的采购周期一直保持在32天左右，但在瞬息万变的市场大潮中，这个周期还是有些长，遇到特殊情况会增加很多风险系数。于是，张茵要求尽可能缩短这个周期。一开始，负责采购的人员纷纷叫苦连天，认为这是不可能完成的任务。采购工作涉及的范围广、难度大，需要充足的时间保证，尤其是对于玖龙纸业这样的大型企业来说，采购更是难上加难。张茵并不是不了解这一点，然而，不缩短采购周期，企业就会面临更艰难的时刻。于是，她苦口婆心地和员工们沟通，坦诚地告诉他们企业目前正处于紧要关头，把道理掰开了揉碎了讲给他们听。

沟通带来信任，张茵的开诚布公赢得了员工们的理解与支持，他们把自己的抱怨与苦水纷纷咽到了肚子里，开始绞尽脑汁地去完成这个"不可能的任务"。事在人为，经过张茵与员工们的共同努力，采购周期最终缩减为7天，为玖龙纸业度过金融危机的难关赢得了更多的时间。

与此同时，她还将公司里的各个部门、各个员工都动员起来，让采购部、销售部一级内部生产线之间加强协调和配合，将产品的库存量缩减为15天以内，主要原材料的库存量也控制在36天以内，这样，原材料及库存都降到了最低水平，不但降低了成本，还提高了效率。生产部门根据客户的需求适时对生产计划进行良性调节，使其更加具有灵活性。

金融危机之前，玖龙纸业的产品一半内销，一半外销。受金融危机影响，外销变得越来越困难。于是，玖龙纸业开始实现销售体系的转身，由对外转向对内，把国内市场作为库存的主要消化方向，为此，张茵把主要精力用于开发国内市场。后来，甚至将内销的比例提高到了80%以上。为了适应国内市场的需求，玖龙纸业还以最快的速度开发了一大批新型产品。

2009年9月，玖龙纸业发布了本年度的财报。在金融危机导致全球经济都开始出现滑坡的大环境之下，玖龙纸业在上半财年也出现了衰退，盈利额只有3.23亿元，然而，得益于张茵采取的一系列强有力的措施，下半财年玖龙纸业迅速好转，盈利大幅度提升，实现了13.38亿元的利润，增长幅度高达414%，成为业内一大奇迹，令业界一片哗然。

成功的逻辑就是这样，当你不断地翻越高峰、战胜坎坷的时候，你最终会登上成功的巅峰。

所有的成功都是拼搏的结果,我经常问学员们一个问题:"你害怕吃苦吗?"如果一个人害怕吃苦,那他一辈子都不可能成功。"宝剑锋从磨砺出,梅花香自苦寒来"。成功就是一个吃苦的过程,就是一个奋斗的过程,就是一个拼搏的过程。

而这个不断拼搏,最终登上艰难险峰、将所有美景尽收眼底的过程,恰恰是人生最精彩的过程。如果你拒绝了苦难,拒绝了拼搏,拒绝了坎坷,拒绝了曲折,你想一帆风顺,于是你坐索道去山顶观光,那么,对不起,你永远品尝不到登山的乐趣,永远欣赏不到沿途的风景。

所以,如果你想成为一个很优秀的企业家,我告诉你,前面一定有很多失败、磨炼在等待着你,你不要把它们看成困难,也不要讨厌它们,更不要想绕过它们,因为它们是成功的机会,是你成功的阶梯,只有跨越过去,你才能创造辉煌。

创新型企业家

才干是立足之本

企业家一定要不断提高自己的才干，变成一个专业性的企业家、一个创新型企业家，唯其如此，企业才能在行业中拥有不败的价值。

我们都知道，无论做什么事，"没有金刚钻，别揽瓷器活。"各行各业虽然看起来跨度很大，但其实每个行业都需要具备从事这一行业的基础能力。如果你什么都不懂，那即使你有远大的梦想，也能坚持你的信念，敢于拼搏，但你仍然有可能在创业的道路上输得一败涂地。所以，创新型企业家思想内核的第八个要素是才干。

我们做任何事情，都要具备成功所必需的条件，这个条件可能是某一方面的，但必须是关键条件，只有这样，你才可能走向成功。

比如马云，他虽然不懂互联网，但是他有一种独特的才干，那就是擅长用人、留人之道。阿里巴巴之所以有今天的辉煌，正是因为马云视人才为一个企业最重要的财富，并且着重培养共同的价值观和良好的企业文化。

马云自己做过老师，他常说，"对一个老师来说，一生最大的财富就是学生。"作为一个企业家，他认为一个企业最大的财富就是员工。因此，他也始终把员工看作公司"最不能忘的两件事"之一（另一个是客户）。

而且，作为领导的马云非常重视让员工作为阿里巴巴资产的一部分实现"保值""增值"的过程，他经常说说，"对阿里巴巴来讲，期权、金钱都无法和人才相比。员工是公司最好的财富。有共同价值观和企业文化的员工是最大的财富"。

很早的时候，马云就提出"把钱存在员工身上"的理念，他说："我们四年来屯兵西子湖畔，在那里训练人马，训练我们的团队，了解客户，了解市场，我们员工达到1400名，可能是当今中国互联网企业中员工最多的公司。我们认为与其把钱存在银行，不如把钱投在员工身上，我们坚信员工不成长，企业就不会成长。员工是公司最好的财富，有共同价值观和企业文化的员工是最大的财富。今天银行利息是两个百分点，如果把这个钱投在员工身上，让他们得到培训，那么对员工创造的财富远远不止两个百分点！"

在阿里巴巴，每一位新进入公司的员工都要参加为期两周的名为"百年阿里"的培训. 在培训期间通过与学员们一起上课、拓展、游戏等方式，向新员工介绍阿里巴巴的历史与现状，宣扬其优秀独特的价值观，并培养团队合作意识。

根据员工的岗位和职位的不同，接受培训的内容也会为他们"量体裁衣"。比如，对普通员工，阿里巴巴对他们进行"百年阿里"、"百年淘宝"系列培训；而针对销售人员，则要进行"百年诚信"、"百年大计"系列培训。

除了"百年阿里"培训外还有许多培训，比如："阿里课堂""阿里夜校""管理培训"等。再比如，对支付宝的员工，公司会定期请外面的专业讲师为其培训有关银行结算、风险控制等方面的专业知识；对M1—M10不同级别的管理人员，公司会分门别类地推出一些管理方面的培训课程；"阿里夜谈"针对公司年轻人多，兴趣爱好广泛各不相同的特点，设立了一些经过员工调查感兴趣话题的学习和交流。修身养性、行业动态、文化素养、兴趣爱好，都是夜谈关注的重点。

阿里巴巴还与杭州电子科技大学、英国亨利商学院联合成立一个阿里巴巴的内部大学——阿里学院。阿里学院的办学目标有两个：一是培训客户，强化他们的电子商务知识，包括做出口贸易的政策法规的培训；第二个就是培养阿里巴巴内部员工，提升其业务能力。

阿里商学院是一个非常宽广的平台，在这个平台上，不仅有杭州电子科技大学、亨利商学院提供的宝贵的教学资源，还包括沃顿商学院、伦敦商学院、哈佛商学院等世界知名商学院及国内的北大、清华等一流的高校，阿里学院将会与他们定期互换教师和教育场所。

而且，尽管阿里巴巴有着优秀的企业文化和价值观，但随着新员工的大量增加，也会面临企业文化被"稀释"的问题。所以，阿里巴巴通过培训的方式，也是为了使企业文化被"稀释"得少一点，并一直延续下去。

外界经常这样评论马云：他有时很"吝啬"，像个守财奴；有时却非常慷慨，不出手则已，出则大手笔。2004年，马云曾经对外界说过："我们今年在广告上没有花钱，但在培训上花了几百万元，我们觉得这是最大的回报。阿里巴巴现在有了120万会员，而且连续两次被哈佛评为全球最佳案例，连续两次被《福布斯》评为最佳B2B网站。在网络电子商务领域，我们会员数跃居全世界第一位。没有我们优秀的员工，根本没法做到。"

正是因为马云重视人才，才为阿里巴巴打造了一支"铁军"，共同创造了阿里巴巴的辉煌。

同样，新希望集团的创始人刘永好的超强管理能力也是新希望集团一直保持着良好发展势头的根源。

仔细回顾新希望集团成立20多年来的足迹，能够看出，几乎每一步都是建立在正确的战略决策的基础之上，并且，随着企业内部环境逐渐走上正轨、管理经验的日益丰富，刘永好在新希望集团还形成了自己独到的战略决策模式，也就是"三否定"模式。"三否定"的决策模式是一个类似于金字塔形式的管理体系，可以分为三个层次：在金字塔的最顶端也就是决策体系的最高层，企业战略家作为企业根本利益的一个人格化代表，担任着企业的总设计师角色，对企业的长期发展发挥着前导性的作用，负责制定具有根本性的、指引企业发展方向的企业决策；金字塔决策体系的中间层，是由董事会、经理人团队以及顾问机构所组成的企业的战略管理委员会，战略管理委员会的职责是把企业的战略愿景落实为战略规划，确定企业的产业方向以及总体的经营思路；而处于金字塔决策体系最底层的，是经营管理部、投资发展部、财务部、审计监察部以及行政人事部等业务部门，它们负责的是战略的落实和风险控制，把战略愿景落实到具体的战略行动和投资方案上，并对战略执行的效果进行过程控制，随时根据外部环境的变化和战略执行的成效做出反应和调整。

相对于其他决策方式，"三否定"的战略决策模式的创新是十分明显的，主要体现在管理体系当中各个层级之间的控制方式上，上一个层级为下一个层级留出了相当大的自主决策空间，从而有利于充分发挥每一层级的积极性和能动性，同时也强化了上一层级对下一层级的"否定权"，有效地避免决策在向下贯彻的过程中有可能会出现的偏离。

比如在企业的创始人和战略决策委员会之间，刘永好所发挥的更多的是启动和建议作用，并且在企业文化之类的基础要素的建设方面发挥核心作用，而把更大的集体决策空间留给自己的下一层也就是战略决策委员会。但是，与此同时，刘永好又保留了一票否决权，以便于从制度上保证自己对企业发展的最终控制权。同样，在企业总部和各个事业部之间，给予事业部管理层充分的自主权，同时又通过财务直管、审计监督、信息化等实时监督，保持总部对事业部的控制。企业的具体项目决策由各个业务部门具体负责，同时企业又通过"三否定"的决策管理制度保持着高级管理层对项目的控制权。

在战略决策的各个层次之间，通过非常透明的信息系统、垂直进行管理的财务系统以及审计监察系统以及互相激励、彼此信任、具有凝聚力的企业文化的建立，形成了一个互相依赖、互相支撑的整体，从而在企业内部构建了一个具有战略发展及风险管控型的决策总部。

新希望集团作为中国著名的民营企业，拥有400多家下属公司，业务涉及饲料、肉食品、乳制品、房地产和化工业等多个领域，这离不开"三否定"的战略决策方式，而"三否定"正是刘永好管理能力和才干的充分体现。

未来，企业的竞争会不断升级，最终会变成一个内行驱逐外行的过程。滥竽充数的企业，终将被淘汰。所以，企业家一定要不断提高自己的才干，变成一个专业性的企业家、一个创新型企业家，唯其如此，企业才能在行业中拥有不败的价值。

如果没有才干这个立足之本，我们所说的梦想、专注、坚持等思想内核也就变成了无本之木、无源之水，企业的经营、企业家的创新也将沦为空谈。

用价值观引领未来

> 如今的成功企业，都是非常注重价值观的企业，都在努力争夺员工思想的第一高地。如果一个企业家没有能力用价值观把员工激活，那么，他招聘的员工越多，企业管理越被动，企业死得就越快。

成为创新型企业家所必须具备的第九大要素，是价值观的管理能力。

一个企业家是不可能深入到一线，具体管理企业的各个业务、各个部门的，更不可能管理企业员工的每一个行为。那么，企业家是靠什么来管理企业的？通过团队的分工与授权来驾驭整个企业，通过价值观来引领企业的未来。企业家的价值观最终会成为企业团队的共同思想，成为企业经营管理的核心，成为企业的灵魂甚至是信仰。

价值观是有能力向企业、向员工输出观念，输出思维，输出方法，输出做人标准和做事方法的能力。从本质上来说，价值观的管理能力就是企业无形价值的建设能力，是企业领导和企业管理的最高层次，是精神和思想的层面，是影响直接决定行为的层面。

今天，我们可以看到，很多"00后"、"90后"价值观叛逆、思想多元，很难被管理，这对企业经营管理提出了更高的要求，因为奖罚是管不了人性的，激励是永不满足的，制度是有限制的，考核是被动的。而只有心灵被主动地、发自肺腑地、真诚地激活时，员工才能心甘情愿被管理。

用价值观来引领未来，能够管理员工的思想，能够引领员工的心智，能够告诉员工做人的方法、做事的标准，能够给他的所有行为输入无形的价值和无形的标准，然后再将有形的价值、有形的制度、模式和无形的价值观相匹配，只有这样，才能行之有效地管理企业，这也是目前企业家管理企业的主流方式与主导模式。

《基业长青》一书的作者詹姆斯·柯林斯说："让你与众不同的不是你的信仰，而是你相信的程度。"这同样适用于我们的企业——企业不能没有价值观，一家企业如果没有价值观就如人失去了灵魂。这样的企业，对内，没有吸引力和凝聚力。对外，没有爆发力和竞争力。但只有价值观也是不够的，对企业价值观的信任和坚守，才是一个企业盈利之外最重要的东西。

纵览世界上的知名企业，几乎每一个企业家都在大力强调企业文化的影响力，都希望在自己的企业里建立良好的企业文化和一致的价值观。这个价值观一旦确立，就贯穿始终。

2004年，阿里巴巴将"六脉神剑"确立为企业核心价值观，这个核心价值观是由六个准则组成的，并且以金字塔形式呈现：塔底讲的是做人（激情、诚信、敬业），塔中讲的是团队（团队合作、拥抱变化），塔顶讲的是使命（客户第一）。

在十多年的创业历程中，阿里巴巴正是靠上述的价值观、使命感激励员工、凝聚人心、统一行动，使阿里巴巴从小到大、从弱到强，克服了一个又一个困难和挫折，取得巨大的成功。

在阿里巴巴，核心价值观是绝对不能违犯的，2007年7月，马云对员工们说："很多人刚进入阿里巴巴，觉得我们的价值观、使命感，比较虚。我什么东西都可以容忍，但是背叛共同的目标和价值观不能容忍"。2016年中秋节期间，阿里巴巴在公司内部销售月饼，当时有五名工程师通过修改脚本抢到124盒月饼订单。看似"近水楼台"的顺理成章，却与阿里巴巴的价值观相背离。因此，最终这几位员工被阿里巴巴的"六脉神剑"一剑封喉，不得不离开公司。在阿里巴巴的历史上，因为价值观与企业相违背而被裁掉的员工、中层、甚至CEO级别的人物，不胜枚举。

与阿里巴巴强硬、犀利的价值观不同的是，小米公司的价值观体现出了几分雷军式的平和。在2017年1月的小米年会上，雷军在演讲中对小米的核心价值观进行了总结——真诚和热爱。他说："如果不真诚，做事不厚道，再高明的忽悠也长久不了，用户总会看穿离你而去；如果不热爱，你肯定没法坚持创业长跑中孤独寂寞和玩命死磕中的痛苦，肯定做不出真正让人感动的产品。我们的愿景是让所有人都能享受科技的乐趣，如果自己都不想享受这个过程，怎么可能让用户享受结果？"

2018年4月25日，雷军在小米的新品发布会上公布了小米董事会的一项决议：小米的硬件综合税后净利率不超过5%，超过5%的部分，小米将用合理的方式返还给用户。小米对用户的慷慨令人震惊，因为智能手机整体利润率额仍然维持在一个比较高的水准，苹果达到了35%，三星在15%左右，国产手机虽然略低，平均净利率也能达到10%。企业都在追求利润率，小米竟然反其道而行之，正是其核心价值观的体现。

价值观是企业在发展中必须遵循的准则，是影响企业未来发展的精神元素。作为企业文化的精髓与灵魂，价值观深深地根植在企业中，使一个企业从根本上区别于其他企业。企业的价值观看上去似乎是"虚"的，看不见也摸不着，实际上却是"实"的，它是为了实现企业的使命而提炼出来的观念，并在企业内部加以倡导，指导企业员工的共同行为。实际上，企业的发展目标、管理制度、市场营销等背后都有价值观在发挥作用。"现代管理学之父"彼得·德鲁克说,企业家和管理者的任何管理行为,一举手、一投足,都受到价值观的支配。

　　如今的成功企业,都是非常注重价值观的企业,都在努力争夺员工思想的第一高地。因为企业的价值观具有巨大的能量,这种能量能够渗透到企业的目标、政策、战略、日常管理以及一切活动当中,能够反映到每个部门、每个员工以及每个产品上,甚至还能够辐射到企业的外部。只有在企业中构建起统一的价值观,才能够激发全体员工的责任感、荣誉感、工作热情以及创新精神,由表及里地约束、引导和激励全体员工的行为乃至整个企业的行为,充分发挥企业文化的力量,把组织上下凝聚在一起。

　　如果一个企业家没有能力用价值观把员工激活,那么,他招聘的员工越多,企业管理就越被动,企业死得就越快。所以,创新型企业家不仅要重视技术、营销、管理的创新,还要进行价值观的创新与管理,能引领员工心智,这是企业家必须修炼的最高层次的管理方式和领导手段之一,也是企业家领导力的核心体现。

成为极富领导力的团队领袖

> 懂得领导艺术的人,能把一个人的能力变成一群人的能力,把一小群人的能力变成一大群人的能力。而缺乏领导力的团队领导,却会使其效果大打折扣。

创新型企业家所必备的第十大要素是团队领袖。

一个企业家,只有不断升级,从团队领导升级为极富领导力的团队领袖,才能引领企业走向更高的台阶。

我们可以清晰地看到,阿里巴巴最成功的地方,并不是马云长了三头六臂,而是因为他能够凝聚起一批来自各行各业、能力超群的人,与他一同共事。在马云的创业过程中,"十八罗汉"众成员始终跟随左右,为阿里巴巴立下了汗马功劳,也被管理学界所称道。

"十八罗汉"众成员跟随马云先后北上、南下,历尽坎坷,但是无论多么艰难的时刻,他们总是站在同一战壕里,没有一个人当"逃兵"。创业初期,马云带领着他的团队到北京谋求发展,却始终困难重重。后来,马云决定回到自己的大本营杭州重新创业。

1999年的一天夜里,马云召集了所有的伙伴,给了他们两个选择:一是留在北京工作,他会介绍这些人去雅虎、新浪等大公司就职,薪水可观,待遇优渥;二是跟他回杭州,但当时一无所有的马云也不能向他们承诺一个美好的未来,他可以承诺的只是500元的薪水和一起创业的艰辛。他给了大家一个晚上的考虑时间,结果，五分钟之后，所有人就做出了决定：跟着马云一起回去创业！

回到杭州之后，"十八罗汉"一起东拼西凑了50万元作为启动资金，从此开始了披荆斩棘的创业历程。创业之初，他们废寝忘食地干活，连续工作十几个小时算是家常便饭。那时候他们的娱乐通常是女同志打牌，男同志打乒乓球。他们办公室有个乒乓球室，男同志们累的时候就会三五成群地去打两把，解乏了以后又会再回来继续工作，有时马云兴致高了也会随同大家打几个来回。

从1999年湖畔花园"十八罗汉"立誓至今，中国的互联网业经历了春天到寒冬的戏剧性转换与轮回，阿里巴巴也遭遇过了从国内扩张到海外、再从海外搬回老家杭州的一波三折。期间，马云既换过将，也"杀"过人，有时他自己也有物是人非的感慨。但是，十八位创业元老始终坚守在阿里巴巴的各个位置上，一直跟着马云干，可谓是生死相随。而且，这些创业元老几年下来大多已经成为阿里巴巴的核心骨干。

正是因为有了"十八罗汉"的鼎力相助，阿里巴巴才能有今时今日的庞大规模。我们可以看到，"十八罗汉"众成员就是马云的"手"和"脚"。马云本身不懂计算机，不会技术开发，不了解云计算，也没做过银行，没做过大数据，但是他能引导阿里巴巴做出淘宝、余额宝这样集合众多互联网基础设施和新兴技术的创新产品。这一切只因为他会做一件事：做团队的领袖。他是阿里巴巴团队的首席教育官，他管理的是员工的文化和价值，他懂得把最好的人才放在最合适的位置上，给他们最大的赏识与尊重、最好的薪酬和最快速的晋升通道，让阿里巴巴成为世界级的舞台。

刘邦曾经说过，运筹帷幄之中，决胜千里之外，他不如张良；在治理国家，安抚百姓，供给粮饷方面，他不如萧何；团结百万之众，战必胜，攻必取，他又不如韩信。然而，正是这个在各方面都处于下风的人，使张良、萧何、韩信三位能人全都归顺于他，心甘情愿地为他赴汤蹈火，帮助他开创了西汉王朝。这就是团队领袖的魅力所在。

领导力是成为团队领袖的关键。中国改革开放几十年，涌现出了数不胜数的企业，然而，这么多老板，真正能称得上企业家的并不多。因为当企业做大做强之后，很多老板就开始安于现状了，其自我发展就停止了，从自我到自负，甚至到自我膨胀。老板创造了企业，但也成为企业持续发展的"天花板"。所以我们常说，企业家个人的高度和宽度，决定了企业的成长后劲和生命长度。

懂得领导艺术的人，能把一个人的能力变成一群人的能力，把一小群人的能力变成一大群人的能力。而缺乏领导力的团队领导，却会使其效果大打折扣。

领导力首先是一种人格魅力。一个有人格魅力的企业家，会形成一种心理磁场，吸引来许多有才华、有追求的人，跟随他一起干事业。因为他们觉得，这个领导人有追求，我跟着干会有前途、有成就感，我愿意追随你，只有跟着这样的人才能成就大事业。

有领导力的企业家，还应该对人性了如指掌，既能把握人性，又能适当掌握分寸。这样的企业家，才能发现人才的优势，充分调动每个人的工作热情，能够站在他人的角度看问题，了解对方的需求并能够把握这种需求，及时给予正向激励。从某种意义上来说，企业家就是通过成就他人，最终成就自己。

领导力还是一种"画饼"与"分饼"的艺术。成功的企业家都是善于给员工画饼的人，他们不光会画饼，还能把饼做成，并通过股权激励机制把饼分给大家。比如任正非每次画的饼都做成了，大家信他，所以他有领导力。光画饼，实现不了，员工不会信你。画了饼，饼又做成了，却把员工抛到一边，也不会有人信你。

领导力分为五个层次。第一层次是职位。很多人认为，当一个人处于某个位置时，就自然而然地拥有了领导力。其实，职位或者头衔只能赋予我们权力，在这个层次，人们之所以追随我们，是因为我们的职位高于他们，我们为他们分配工作，为他们评估绩效，决定他们的薪酬，他们不得不接受我们的管理。但实际上，处于这一阶段的企业家还不具备真正的领导力，因为权力和领导力非常容易混淆，但是是截然不同的两个概念。

权力是领导力的基础，是管理的资源。然而，如果我们一直停留在这个阶段，就永远无法形成真正的领导力。因为权力不能使人自觉，不能让人产生认同，对员工的影响也极为有限。

第二层次是认同。在这个层次，员工们愿意追随我们，是因为他们相信我们，认可我们，与我们建立了一种互信的关系。如果把管理企业比喻成爬山，那企业家不应该追求成为第一个登顶的人，而应该是带领所有人以最快的速度爬到山顶。在这个过程中，我们必须与员工们建立关系，了解他们的需求，关心他们的成长。当我们与员工们建立起一种牢靠的、持久的、可信的关系时，他们才愿意听我们的，认同企业的目标，工作也会更加努力，随之而来的，则是企业的长久发展。

第三层次是生产力。约翰·麦克斯维尔在他的《领导力21法则》里曾经提出了"磁铁法则"的概念，他认为，一个人所能吸引到的人，是与他相似的人，而不是他希望得到的人。如果我们是充满正能量的，那我们吸引到的就是积极乐观的人。如果我们是对待工作极为懈怠的人，那我们吸引到的通常就是一些懒散、消极的人。如果我们严于律己，那我们吸引到的就是一些对自己要求很高的人。同样的道理，如果我们是具有价值、能为企业带来生产力的人，那我们吸引到的也会是一些能为企业做出贡献的人。在这一层次，人们因为你的价值而追随，因为他们觉得"跟着你有肉吃"，觉得你能够带给他们一个充满前景的未来。

第四层次是培育。一个人之所以拥有领导力，权力固然很重要，但更重要的是，他具有能赋予他人力量的能力。对于普通员工来说，他的职责就是完成任务，做好工作，但领导者不同，他的一个重要职责是培育他人。如果我们为员工付出了努力，帮助他们提升了能力，使他们获得了成长，他们自然而然地就愿意追随我们，愿意接受我们的领导。

从第一层次到第四层次，是一个阶梯形的发展。在第一层次，员工敬畏我们；在第二层次，员工拥护我们；在第三层次，员工敬佩我们；在第四层次，员工忠诚于我们。为什么？因为我们所提供的培育使他们获益，这使我们真正赢得了人心。

第五层次是做人。在这一层次，人们愿意追随一个企业家，是因为他做人做得很成功，拥有人格魅力，他赢得了人们的尊重。美国著名成功心理学大师拿破仑·希尔博士有句名言："真正的领导能力来自让人钦佩的人格。"因此，修炼自己的人格魅力，释放人格的光辉，能极大地提高企业家的领导力。

杰克·韦尔奇说过，"领导者必须热爱自己的员工，拥抱自己的员工，激励自己的员工。"在通用，他经常会与员工一起共进午餐，在饭前饭后与他们进行交流，倾听他们的心声。有的时候，他还会向员工们发放他手写的一些小纸条，纸条上全都是鼓励的话。通过这样的方式，员工们时时能感受到领导对自己的关注和尊重，工作起来就更加卖力了。

通用公司营造了一个有益于人才成长的氛围，更打造出一种积极向上、拼搏奋斗的精神，现在已经成为著名的经理人摇篮，被认为是"商界的西点军校"，世界500强中有超过三分之一的

CEO 都是从通用公司走出来的，他们都深受杰克·韦尔奇的影响，将他视为一生的榜样。

如果说前四个层次是一个循序渐进的过程，到了第五个层次，我们得到的就是一次飞跃式的发展，这正是多年来将第一、二、三、四层次做好的回报。

没有人是天生就具有超强领导力的团队领袖，领导力需要长年累月的积累和有意识的训练与培养。领导力的五个层次，如同五级台阶，一步步攀登上去，才能形成属于自己的领导力。

第七章 "互联网+"时代传统企业的创新与破局

第八章 企业家的自我升级 永无止境

互联网打破了传统企业的边界

> 缺乏面对新环境和新问题的创新型思维，成为限制传统企业持续发展的最大桎梏。只有突破这样的瓶颈，企业才能走出彷徨和迷茫，找到破局之道。

互联网的快速发展，对传统企业造成了剧烈冲击。今天，几乎所有的企业都是互联网企业。互联网打破了传统企业的边界，重构了商业生态，再造了新的产业经济业态，把网络经济推向一个时代新高度。

我们会看到，在"互联网+"时代，原有商业体系的平衡被打破，商业世界变得更加透明，商业社会的进化和升级大潮随之而生。互联网对传统企业的影响发生了巨大的改变，逐渐从传播、渠道层面过渡到供应链及整改价值链层面，社会资源的配置与整合也不再遵循线性法则，而是开始呈现出全新的网状结构，跨界整合、跨界竞争催生出一大批新的商业模式出现。

在外部环境变幻莫测和企业内部转型升级的双重夹击下，现代企业正面临着多重困境的考验，企业经营的复杂程度是以往任何一个时代都无法比拟的。企业的经营与发展如同逆水行舟，不进则退。企业想在这样的环境下获得成长与成功，必须创造并保持自己的核心竞争力，能跟得上时代的步伐。在"互联网+"时代，这已经成为左右企业生死的核心。只有有格局、有谋略、有魄力的创新型企业家，才能把握这个新时代的脉搏，只有那些善于学习、反应迅速和懂得及时动态调整的企业才能抓住历史机遇，得到腾飞。

我们必须清楚的一点是，无论身处哪个时代，追求利润和持续增长都是企业发展的永恒话题。在"互联网+"时代，因为需求和竞争的变化，原本获得利润所依靠的关键要素发生了根本性改变，规模、角色的清晰性、专业化等工业时代的成功要素，开始逐渐让位于追求速度、灵活性、整合、创新的信息时代的经营法则，企业必须调动更强大的力量。因此，通过创新快速整合资源，以最为灵活的方式为客户创造价值，实现资源的快速变现，成为企业发展的重中之重。只有把人才、资源和资本都有机结合起来，企业才能把新时代的主导权牢牢掌握在自己手里。要实现这一点并非易事，需要建立一整套全新的思维体系。

我们看到，当下很多企业习惯以静态的眼光来看待问题，迷信过去的成功路径，对已经悄然发生的变化并不敏感，更不知道自己已经深陷困境，如同原本在平坦道路上疾驰的车子，驶进了崎岖不平、坑坑洼洼的山路，顿时变得颠簸不已、失去平衡，如果不能及时调整方向和速度，不但无法到达目的地，甚至有车毁人亡的危险。企业按照固有思维以及过去的模式，费尽心力制定出来的战略，不但不能指导企业创造高收益，反而会带着企业走入迷途，南辕北辙，使目标与现实之间的差距越来越大。

缺乏面对新环境和新问题的创新型思维，也是当下限制传统企业持续发展的最大桎梏。只有突破这层瓶颈，企业就才能走出迷茫，找到破局之道。

海尔的变革与发展，就是企业家保持应变能力、适应时代潮流的经典案例。张瑞敏曾说："海尔自己的企业文化其实就是一个应变的文化，对于我们内部来说就四个字——'自以为非'。不能自以为是，而是要自以为非。既然要自以为非，就要经常根据外部变化来改变自己。"

正因为"自以为非",在企业经营过程中,海尔不断审视周围环境,时常为自己动"大手术"。比如,随着互联网的发展,张瑞敏发现,在互联网时代,企业不能以自我为中心、追求大而全,而是要成为整个互联网上的一个节点。所以,网络时代的企业,必须打破原来的组织架构模式,与互联网充分整合,让企业重新焕发活力。于是,他把海尔原有的组织机构全部打碎,拆分为许多"小而美"的创新团队,打破从传统的金字塔式的科层制束缚,推倒企业与用户之间的"墙",使整个企业变成了一个生态圈。无数员工凭借自己的创意,或是通过发现市场上好的创意、需求时,就可以成立创业团队。这样一来,海尔就完全把企业与市场、用户融合到了一起。

在"互联网+"时代,深刻理解企业转型是一场艰巨而影响深远的系统工程,放眼产业生态,以更广阔的视野,充分利用创新思维,以系统化、结构化的思维模式将各种要素在新环境下进行有机组合,这样才能引领企业走向未来。这也对企业和企业家提出了新的要求,企业家必须拥有强大的心智和稳健的心态,企业必须保持常变常新的心态,将这种持之以恒的心态贯彻到底,才能使企业充满活力与竞争力。

创新型企业家

"互联网+"重构商业文明

新商业文明让消费者成为经济生活的主人，让小企业也成为幸福的源泉。未来存在于现在，预测未来的最佳方式就是创造未来！我们应该以勇气、智慧与持续探索，共创信息时代的新商业文明！

互联网经济走到今天，已经发展成为一种新的经济业态。这种经济业态是在市场经济状态下，由互联网技术创新所驱动，经过自由发展、进化而产生的。如果说在过去的20年里，互联网主要改变的是人们的消费行为和消费环境，那过去的互联网时代，可以被称为消费互联网的时代；未来20年，互联网已经到了产业互联网的时代，每个行业都要被互联网改变，实现"互联网+"，这种改变会超过工业革命带给我们的改变。未来企业要有企业的智商和运行逻辑，因为新的商业文明正在形成。

其实，早在2010年的阿里巴巴集团10周年庆典上，马云就以"新商业文明的力量"发表演讲，称阿里巴巴集团的使命就是打造新商业文明，并通过新商业文明论坛发布了《新商业文明宣言》。

信息技术革命引发生产力、生产关系和生产方式的变革，正在形成新的文明范式。人类的大规模协同和个性化创新，推动着商业文明又一次走到了跃变的关口。

值此历史契机，我们决意协力探索、共同促进信息时代的新商业文明！

我们发现：新商业文明正在快速涌现。

在商业基础设施领域，云计算和泛在网络正在成为信息时代的商业基础设施，推动商业计算的快速响应、按需取用与普遍服务。

在企业组织领域，企业与市场的边界越来越模糊，企业与社会的关系越来越契合，企业内部走向扁平化与透明化，企业与消费者的关系也更趋平衡。

在商业模式领域，以客户为中心、按需驱动的大规模定制乃至个性化定制，正在成为普遍化的现实。信息时代新商业文明下的大规模定制，是对工业时代大规模生产的扬弃。

在企业竞合领域，协同、共赢的商业生态系统，逐步成为主流形态。

在社会结构领域，社会分工、就业模式、生活形态因新商业文明而巨变。越来越多社会成员的工作、生活、消费与学习走向一体化。

在治理规则领域，自发性、内生性、协调性成为网络世界治理的主要特征，对话和协商成为普遍的选择，这也有助于促进整个社会治理秩序的转型。

我们坚信：开放、透明、分享、责任是新商业文明的基本理念。

新商业文明拥有开放的产权结构与互动关系。企业向社会开放，决策向员工开放，数据向公众开放，平台向伙伴开放……我们坚信，开放是新商业文明的灵魂。

新商业文明追求透明的信息环境。传统商业难以解决信息不对称的难题。在新商业文明中，透明的信息流动和消费者评价，是商业信用累积的开始。我们坚信，透明是新商业文明的起点。

新商业文明倡导共有的分享机制。新商业文明环境下的主体，既是生产者又是消费者，既是学习者又是赋能者，既是体验者又是传播者。我们坚信，分享是新商业文明形成与扩散的动力。

新商业文明奉行对等的责任关系。新商业文明下，每个参与者既是责任的承担者，又是治理的参与者。社会责任将内生于企业的商业模式之中，唯其如此，才能实现企业的可持续发展。企业与自然的关系也将更具亲和性，向自然无限索取的时代将成为历史。我们坚信，责任是新商业文明不可分割的一部分。

我们梦想：让商业回归于人、回归于生活。

新商业文明让商业回归于人。人将成为商业的主人，所有的商业运作都将围绕人来进行，都将为满足人的个性化需求而存在，商业将重新焕发出人性的光辉。

新商业文明让商业回归于生活。生活的逻辑将支配商业的逻辑。不是在竞争中争夺机会，而是要在生活中进行选择和创造。

新商业文明让消费者成为经济生活的主人，让小企业也成为幸福的源泉。以消费者为中心的时代，将逐步取代以厂商为中心的时代；小企业乃至个人，将成为经济发展的重要主体和经济活跃的重要动力。

毫无疑问，新商业文明的形成，不仅将实现个人数据、商业平台和公用计算之间的平衡，更将实现个人愿望、企业目标和社会责任之间的平衡，促进物质消耗和环境保护之间的平衡。一个更加和谐的世界，即将展现在我们面前！

这是一个充满不确定性的时代，这也是一个充满美好想象的时代。我们相信，未来存在于现在，预测未来的最佳方式就是创造未来！新商业文明的到来、展开与完善，有赖于每一位有识之士的勇气、智慧与不懈探索！让我们共创信息时代的新商业文明！

互联网的发展证明了马云的远见卓识。在这个"互联网+"时代，商业规则的变化、企业的定位与管理方式的变化，将会形成一种新的商业逻辑。在过去传统经济时代，我们经营企业所强调的是资源、关系、背景、法律、政策，往往以政府为主导。而未来互联网经济所构建的新的经济平台和新的经济业态、新的商业系统，越来越强调颠覆和创新，强调契约精神，强调价值创造，强调共赢共享，这些新的商业逻辑，我们统称为新商业文明的变迁。

这是一个新的商业时代的到来，在这种新的商业文明的影响下，未来的商业竞争将会更加充分，企业面临的机会会更多，当然挑战也更大。所有的传统企业都必须思考，该如何抓住时代脉搏，适应这场生死变革。只要找到了这个问题的答案，互联网化转型成功的传统行业，将成为未来商业文明的重要力量，焕发出新的生机和活力。

核心商业逻辑的六大转变

新商业文明的时代已经到来,现在我们要做的,是怀着无比敬畏的心态,以一颗勇敢开放的心,走向未来,拥抱新时代,触摸新商业文明。

在新商业文明时代,传统企业如果不能以创新实现破局,迎接它们的命运就是被时代淘汰。那么,如何才能拥抱这个新的时代?我们首先应该了解一点:新商业文明的核心商业逻辑是什么?

与传统经济时代的商业逻辑相比,新商业文明的核心商业逻辑发生了六大转变。

第一,未来的经济发展将由过去的政府主导转变为市场主导。

在传统经济时代,经济发展受到了政府这只"有形的手"的影响与制约。而到了互联网时代,在传统企业的经营与发展过程中,市场将会占据真正的主导地位,竞争会变得越来越自由,而政府将扮演为企业服务的角色。

第二,经济的主轴将由外贸导向转变为内需导向。

中国是一个有14亿人口规模的庞大消费市场,而且中国经济正处于高速发展之中。经济的繁荣,将会激活强大的内需,而内需的拉升,将为中国企业提供巨大的生产和生存空间。"得中国者得天下",中国14亿人口的刚性需求,将造就一批又一批世界级的企业。

第三,新商业生态将会由关系驱动转变为创新驱动。

在"互联网+"时代，关系、资源、背景、人脉等在传统经济时代至关重要的经营要素，在企业经营中发挥的作用将会越来越小，而创新、技术变革的力量将会逐渐上升到至高无上的位置。所以，未来，企业的人才将会变得越来越值钱，甚至变成决定企业发展成败的最关键因素。未来的公司，衡量一个人的重要性，不是看他出了多少钱、占了多少股份，而是看他能共享多大价值。

第四，未来企业的经营理念将会由做"赚钱"的公司转变为做"值钱"的公司。

赚钱的公司不一定值钱，但值钱的公司一定赚钱，这是一个新的商业智慧。未来的企业，不再以过去公司赚了多少钱作为衡量企业价值的唯一依据，而是以估值作为主流的评判标准。估值越高，企业的增长空间越大，企业的价值也就越高。

第五，新商业文明的另一种体现是实体企业将逐渐转变为虚拟的运营型企业。

我们可以看到，今天的阿里巴巴、京东和淘宝，这些估值上千亿元的公司，都不是做实业的。如果今天这些公司倒闭了，我们会发现，这些公司最重要的资产，不是厂房车间，不是机器设备，而是数据。这些平台上销售的产品有成千上万种，但事实上它们连一个纽扣、一根拉链都不会生产。

第六，未来中国将会由产业经济向智慧经济转轨。

所谓的产业经济，指的是企业大多为生产制造型、低端加工型等粗放型产业。而智慧型产业则是以科技创新型企业为主的新型产业。未来，中国将由传统的制造强国、工业强国升级为科技创新型国家。所以，人才在文化、经济、技术等各个领域的创新能力将会得到淋漓尽致地体现，这也会带动产业向智慧型产业转变。中国的智慧经济时代将会到来，我们对产品价值的评判标准将会发生天翻地覆的改变。这对企业也提出了新的要求，智能产业要求企业的，不仅仅是研发创新型产品，还要重新审视整个商业生态系统以及企业自身的价值创造与获取方式，适时地调整商业模式。

新商业文明的时代已经到来，现在，我们要做的，是怀着无比敬畏的心态，以一颗勇敢开放的心，走向未来，拥抱新时代，触摸新商业文明。

传统企业的 26 个改变

三流的企业做服务，二流的企业做产品，一流的企业做平台，超一流的企业做系统。

在互联网时代，新的商业文明带来了一场巨大的变革，它改变了传统产业结构、经营模式、营销战略，全面影响微观经济领域企业管理的各个方面。

具体来说，传统企业将会发生 26 个改变。

1. 企业的存在形式将会从过去的"公司+员工"转变为"平台+个人"的模式。

在互联网经济的大背景下，99%的传统企业将会迅速消亡。企业的存在形式将会从过去的"公司+员工"转变为"平台+个人"的模式，大量的自由职业产生，每个人都将冲破传统企业的枷锁，重获新生的机会。而是否能在这个时代实现自己的个人价值，关键看你是否激发了自己潜在的能量。这是一场真正的体力、智力以及劳动力的解放运动。在不久后的将来，我们的社会只有平台，没有雇员，中国将由雇佣时代直接进入合伙人时代。

2. 三流的企业做服务，二流的企业做产品，一流的企业做平台，超一流的企业做系统。

在互联网时代，中国的企业将会被划分为四个等级，第三流的企业将专注于做服务和营销，第二流的企业将专注于产品的开发和创新，第一流的企业将成为新的商业平台，而超一流的企业则会使自己成为一个商业生态系统。所以，我们可以以此来衡量自己的企业在整个企业体系中处于什么位置、属于哪个层次。

要记住：三流的企业做服务，二流的企业做产品，一流的企业做平台，超一流的企业做系统。像雷军的小米，做的就是一个商业生态系统。

从小米手机开始，雷军用八年时间成功布局其商业蓝图，并打造了一个"独角兽"企业。很多人提到小米，都会说这是一家卖智能手机的公司，但是盘点小米的商业版图，你会发现，除了手机之外，小米的商业触角渗透到了生活的各方各面：空调、净水器、扫地机器人、电饭煲、平衡车、平板电脑、电视、路由器、耳机、手环、充电宝、插座、床头灯、毛巾、牙刷、签字笔……如今的小米已经不再是一家智能手机生产厂商，它的商业版图不断扩大，已经逐渐发展成为一家兼具智能硬件、软件、互联网服务、新零售的庞大生态型公司。打通上下游，打造一个完整的生态链系统，布局产融规划，已经成为小米不断扩张的法宝。目前小米最有价值的商业模式之一就是它全方位生态链的布局，涵盖范围之广甚至可以与腾讯、阿里巴巴相媲美。

2016年3月29日，雷军又对小米生态链进行战略升级，推出全新品牌——米家，专门经营小米自有产品以及生态链上的产品。截至2018年，小米生态链已超过90家硬件创业企业，其中约30家发布了产品。

除了深耕自营产品和生态链上的产品，新零售的风口小米自然也不会错过，小米的新零售包括了小米之家、有品生活。到2018年，全国小米之家达到300家，涉及手机周边、智能家电、智能穿戴、智能出行、极客酷玩及日用品等小米旗下产品，坪效达到28万~29万元，仅次于苹果。

当然，小米投资生态链企业并不是盲目的，而是始终遵循三个原则。一是输出资金、资源、方法论和小米价值观给生态链企业，但不干涉其产品开发，生态链企业还可以研发销售自有品牌的产品。二是投资但不对其控股，从而保持创业团队的战斗力和创新性。三是生态链企业必须通过有设计感、有创意的生态链新品的持续发售，让小米或米家的品牌保持前锋性与持续的高曝光度。

小米与其生态链公司之间形成了一种"竹林效应"：小米生态链公司如同一片竹林，初期公司从小米与生态链组织"根系"吸收养分快速长大，自力更生后又能为根系和其他企业供给养分，这样生态链企业形成了一种共生互助的关系，业务之间有较强的协同。如紫米科技通过打造移动电源，成为电池领域的领导者，而这些经验帮助小米生态链其他企业完善电源技术，或提供电池产品。

小米不仅自己成长为"独角兽"企业，其生态链模式也已经成功培育出四家估值超过10亿美元的"独角兽"——紫米、华米、智米、纳恩博。其中，紫米科技于2013年年底推出了第一款小米移动电源，两个月后销量问鼎全球第一，2015年移动电源销量达2000万只；华米科技已是全球第一大智能可穿戴设备厂商；智米科技的空气净化器在2016年销量超过200万台，2017年超300万台，跻身行业前三；纳恩博生产的平衡车已成为市场领导品牌，并收购了全球自平衡车开创者Segway。2017年小米生态链的收入达到了234.47亿元，在整个集团的收入占比提升到了20.5%，成为一股不可忽视的力量。其旗下的生态链企业中也已经有四个"独角兽"企业，分别是智米科技、纳恩博和紫米科技，以及2018年2月8日在美国上市的华米科技。此外，青米科技的母公司动力未来也于2016年8月在新三板挂牌上市。

小米的布局表面上看起来有点杂乱无章，其实正是沿着"手机周边—智能硬件—生活方式"三大圈层进行的产品生态拓展。把

"小米=高性价比"的理念深深植入消费者的认知,从而使得小米投资孵化的生态链产品公司借助小米平台迅速壮大。

通过小米的生态链,我们可以看到小米改变了硬件的价值模式,使自己成为价值链最高端,把供应链最有价值的部分牢牢抓在手中,从而从手机周边,展开设计业务蓝图,扩大业务规划,从核心产品层层延伸,连接更多用户资源,进而建立起一个庞大的小米帝国。八年过去了,一路奔跑的小米商业版图不断扩大,已成为一家兼具智能硬件、软件、互联网服务、新零售等包罗万象的生态型企业。

所以,今后企业的出路,只有不断地升级,从优良服务升级到创新产品,从创新产品升级到综合服务平台,从综合服务平台升级为商业系统,唯其如此,企业才能获得源源不断的竞争力。

而系统化、平台化的本质,就是给创造者提供创造价值的机会。把握住了这个机会,未来的企业才能获得巨大的生存空间。

3. 第一维的产业是传统产业,第二维的产业是互联网产业,第三维的产业是智能科技产业。

在互联网环境下,中国未来的产业将分为三个维度,第一维的产业是传统产业,追求的是营销的创新。第二维的产业是互联网产业,追求的是技术的创新。第三维的产业是智能科技产业,追求的是核心科技的创新。

现在,第一维的产业正在被推倒重建,第二维的产业已经划分完成,第三维的产业正在形成,像人工智能、云计算、大数据这些核心科技,正成为第三维产业中各个企业必备的"核心武器"。

高维挑战低维,进行降维打击,是未来企业竞争升级的必经之路。因此,我们看到,网店可以轻松冲击实体店,而微信的竞争对手,一定是在智能领域诞生的。

4. 从 2018 年之后，中国互联网将会进入物联网时代。

中国的互联网也是在不断进化的。众所周知，互联网的发展经历了三个阶段，第一个阶段是 Web 1.0 时代，在这个阶段，互联网是信息的提供者，各种传统的互联网网站以"内容为主、服务为辅"为主要形态。而其内容提供方式，则主要是信息块，有部分信息流。通过静态网站，来实现内容的展示。这个阶段的内容发现机制，是通过搜索引擎做内容聚合来实现的。用户通过搜索引擎寻找内容，使得搜索引擎成为事实上的互联网入口，并成为用户与内容的中间商。

第二个阶段是 Web 2.0 时代。互联网是平台，用户提供信息，其他用户通过网络获取信息。从 Web 2.0 时代开始，"关系为王"逐渐取代了 Web 1.0 "内容为王"的特点，更强调内容的生产，内容生产的主体已经由专业网站扩展为个体，从专业组织的制度化的、组织把关式的生产，扩展为更多"自媒体"的随机的、自我把关式的生产，这时候内容的生产目的也不再是内容本身，而更多的是用内容，来延伸自己在网络社会中的关系。

第三个阶段是 Web 3.0 时代。这一阶段是以主动性、数字最大化、多维化为主要特点的，以服务为内容的第三代互联网系统。主动性即强调网站对用户的主动提取，并加以分析处理，然后给用户所需要的信息。通过数字最大化可以将商品或者服务以数据的方式进行统计，帮助决策者做出更准确的分析，同可解决不同业务场景上在时空方面的矛盾问题。多维化是指更丰富的多元化媒体技术或者播放形式，如在线视频、虚拟现实、网络直播、网络教育等。Web 3.0 时代是多对多交互的，不仅包括人与人，还包括人机交互以及多个终端的交互。由智能手机为代表的移动互联网开端，在真正的物联网时代盛行。网络成为用户需求理解者和提供者，网络对用户了如指掌，知道用户有什么、要什么以及行为习惯，进行资源筛选、智能匹配，直接给用户答案，大互联的形成，即将一切进行互联，如语义网、物联网和智能可穿戴设备。这个时代将实现"每个个体、时刻联网、各取所需、实时互动"的状态，也是一个"以人为本"的互联网思维指引下的新商业文明时代。

而现在，中国的互联网又进入了一个全新的阶段，从PC互联网时代过渡到移动互联网时代，又由移动互联网时代向物联网时代继续进化。从2018年之后，中国互联网将会进入物联网时代。

PC互联网解决了信息对称的问题，移动互联网解决了效率对接的问题，而未来的物联网需要解决的是万物互联的问题。在这个时代，数据的自由共享、价值的按需分配将成为企业经营的核心机会所在。

而"互联网+"的本质，就是搭建一个底层的、以互联网为基础的基础设施，使上面的每一个人都可以迅速找到自己的目标，实现自由的价值连接。无论是找客户、找恋人或者找合作伙伴，都可以快速地、高效地做到，让一切自由连通。

5. 互联网企业已经转化为C2B（消费者到企业）、C2F（消费者到工厂）。

中国的电子商务也在不断进化，我们看到，互联网企业已经从最早期的B2B（企业对企业，阿里巴巴采用的就是B2B商业模式）转化为B2C（企业对个人，京东采用的就是B2C商业模式），又从B2C转向C2C（个人对个人，比如微店），现在又从C2C转化为C2B（消费者到企业）、C2F（消费者到工厂）。

在这里，我们要重点介绍一下C2B与C2F。C2B是互联网经济时代新的商业模式，这一模式改变了原有生产者（企业和组织）和消费者的关系，是一种消费者贡献价值，企业和机构消费价值的商业模式。C2B模式与我们熟知的供需模式恰恰相反，是先有消费者需求产生而后有企业生产，即先由消费者提出需求，后有生产企业按需求组织生产。通常情况为消费者根据自身需求定制产品和价格，或主动参与产品设计、生产和定价，产品、价格等彰显消费者的个性化需求，生产企业进行定制化生产。简单来说，C2B的核心是以消费者为中心，消费者当家做主，主导企业未来。

而C2F是C2B的一种升级模式，是消费者通过互联网向工厂定制商品的一种新型电子商务模式。C2F将工厂、消费者、产品、信息数据互联，最终达成万物互联，利用物联网、大数据、移动互联网的手段，重构整个社会的供需关系。以消费者为主导，使工厂实现按需生产，降低生产成本，减少中间环节，减少工厂资金风险，避免库存积压，从而将零售价降到最低，消费者与工厂实现双赢。

6. 中国电子商务正在改变中国的城市格局。

中国电子商务正在改变中国的城市格局。以前，一说到大型城市，就是"北上广深"——北京、上海、广州、深圳。而现在，"北上广深"已经演变为"北上深杭"。传统的贸易策略将广州拉下马，跨境电商的兴起将把杭州扶上位。未来的中国城市格局应该是北京的权力调控、上海的金融运作、深圳的智能科技，加上杭州的电子商务。

7. 中国的商业消费流程发生了彻底的逆转。

在互联网时代，中国的产业链流向正在发生逆转，以前是先生产后制造，企业的整个流程是从生产商到经销商，再从经销商到消费者。而未来，将会是先消费再生产，企业的整个流程将会从消费者到设计者——消费者根据需求在互联网上集结，设计者根据需求去设计产品，最后，设计者再把自己设计的产品交给生产厂家，整个的商业消费流程完全颠覆。

所以，传统的经销商将逐渐被取代甚至彻底消失。而能够把消费者的想法转化为产品的设计师将大量涌现。

8. 中国的广告产业业态将从媒介为王变成技术为王，从技术为王变成内容为王，又从内容为王变成产品为王。

在互联网环境下，中国的广告产业业态也在不断地发生进化，从媒介为王变成技术为王，从技术为王变成内容为王，又从内容为王变成产品为王。

所谓"媒介为王"，指的是传统媒体在中国广告业中占据主导地位，比如报纸、电视，等等。所谓"技术为王"，指的是技术的作用在广告业中得到最大程度的体现，比如百度实现了按区域、按收入、按时段的精准投放。所谓"内容为王"，就是内容的质量被提到了最优先的层次，比如现在最火的广告载体是微博大V、微信公众号等自媒体，只要它们能提供好的内容，就能使广告得到自发地传播，点击率可以达到几百万次甚至以亿万计。而所谓的"产品为王"，指的是未来最好的广告不是广告，而是产品本身。产品本身就是一个会说话的活广告，所以最好的产品，也是最有意义的、最具传播效力的广告。

因此，中国广告业的生态进化，将不断地升级。广告媒介的核心价值将不断地得到升级和体现。

9. 中国商业角逐的核心要素已经变成了粉丝。

在互联网环境下，中国商业角逐的核心要素也在发生着变化，从地段演变为流量，又到现在的粉丝。

在房地产火爆的年代，李嘉诚关于决定房地产价值因素的一句话，曾获得地产界诸多人的认可——"地段！地段！还是地段！"而在PC互联网时代，企业经营的是流量，流量大，企业才得到发展。而到了移动互联网时代，自媒体经营的是粉丝，凭借对粉丝的影响力加号召力进行变现。换句话说，联动粉丝的能力，将决定未来企业的吸引力有多大，将决定未来企业是否能经营好。

而经营粉丝的背后是文化，文化的背后是价值观，而价值观的背后是消费者个性化的消费主张。所以在未来的商业世界里，企业家不但要经营企业，还要经营企业文化，经营价值观。这是企业的核心竞争力的来源，也是企业财富的来源。

10. 现在最热门的媒体已经转化为信息流。

在互联网环境下，中国媒体也出现了进化论。最早期的媒体是传统媒体，比如电视、报纸等，然后过渡到新媒体，又从新媒体过渡到自媒体，未来还会从自媒体过渡到信息流，这都对中国传统广告业产生了深刻的影响。

11. 未来，将进入长板原理时代，进入一个以优点快速制胜的时代。

在互联网时代，中国的商业机会将越来越细分，行业将越来越垂直，协作将越来越完善。过去我们讲的是"短板理论"，一个木桶能装多少水，取决于这个木桶上最短的那块板，因此我们都在拼命地完善自己的弱点。而未来，将进入长板原理时代，进入一个以优点快速制胜的时代。我们不需要具备所有的优点，只需要将自己擅长的发挥到极致，就会有人用自己的优势与你快速协作。

所以，未来，你能创造多大的事业，不在于你有多么全能，而在于你是否能在核心竞争领域有自己的一席之地。只要你能在某一个方面做到极致，你就能赢得成功。

12. 未来企业将不再把重点放在经营关系、人脉上，而是充分重视规则。

互联网时代，企业将不再把重点放在经营关系、人脉上，而是充分重视规则。中国传统的关系网将会不断地撕裂，新的价值链正在形成，我们每一个人都是节点，都会进行价值的传输。

新的社会架构是建立在规则至上的。我们所处的层次，是由我们创造的价值直接决定，所以我们每一个人的行为方式和价值分配方式以及交际人脉都会发生彻底的转变。

13. 中国人正在由向外求转变为向内求。

向外求，求的是关系、人脉、渠道、资源与机会。向内求，就是诚实面对自己最真实的一面，激发自己的兴趣、热情，找到自己的长处，找到自己的价值，做最好的自己，然后用自己最有价值的一面，和外界进行交换，你自然能把外界的价值吸引过来。

这就是"求人不如求己"。我们做好了自己，也就能帮助了别人。帮助了别人，就可以交换价值。有了价值交换，就有了源源不断的财富。

中国人的生活方式也将发生很大的变化，未来我们将会把越来越多的精力投放在自己的身上。

14. 信用无价。

过去是封闭的时代，互联网让很多人连接起来，未来，世界是平的，每个人都是透明的。你买过什么衣服，甚至一个女生的内衣尺码，在淘宝上都可以查到。你和谁联系过、发过什么信息，通过微信就可以了解到。今天你的身份证、车牌号都已经联网，通过这些东西就可以查到你过去几年里的违法犯罪记录等。那么，有一样东西将变得越来越重要，那就是信用。

在互联网时代，通过行为数据就可以分析出一个人的信用，你的信用就是你的财富，你可以以信用值为支点，以能力为杠杆，以人格为动力，撬动更多的财富。

15. 整个中国社会的财富终将实现裂变式的增长。

传统社会的总财富，是这样被创造出来的：人们依托固定的公司，在固定的时间，在固定的地点，重复固定的劳动，获得固定的工资。所有人通过这种方式创造的财富加起来,就是社会的总财富。

但在互联网社会,人们依靠自身的特点,点对点地对接和完成每一个点的需求,充分融入社会每一个角落和环节。在互联网基础设施和平台的完善下,人们会瞬间找到自己在社会中的价值定位,然后主动创造更多的财富,因此整个中国社会的财富终将实现裂变式的增长。而创造财富的方式也由从固定的公司平台赚取工资变成通过自由的合伙方式获得收益。中国将进入创客时代,中国社会将会因为创客的产生迸发出更多的创业机会、合作机会。

16. 未来的每一个人都是一个独立的经济体,未来的工作时间和工作方式将变得无比弹性。

互联网时代,未来的每一个人都是一个独立的经济体,既可以独立地完成某项任务,也可以依靠组织的协作去执行系统性的工程。所以社会既不缺乏组织的枝节和耕耘者,也不缺少具备执行庞大工程的组织和团队,每一个人都是一家有限生命责任公司,每一个人都代表着无限的价值链接和多元的价值交换机会。这是一个新时代的来临,这种工作方式也会发生翻天覆地的变化,价值获取的方式、创造财富的方式也会迎来多元的变化。所以,未来将迎来身心灵解放的时代,未来的工作将不在办公室里进行,将随着你的行为而进行,你可能坐在沙发上,你可能在公园里面,你可能在家里,都在随时传播价值,也在随时创造价值,未来的工作时间和工作方式将变得无比弹性。

17. 未来的生产会变得精细化和定制化。

互联网商业环境给传统企业和传统经济带来的第十七个变化,是未来人们将如何获得自己想要的产品。未来的生产会变得精细化和定制化,其商业逻辑是,首先一个人有了某个创意,然后将这个创意表达出来,或者在某个平台上展示出来,吸引更多感兴趣的人下订单，当订单足够多的时候，再开始生产，最终送到客户手中。这就是未来的产品从创意到客户端的整个生产逻辑和消费过程。

18. 中国人将从谋生升级为创造。

未来，中国人将从谋生升级为创造。打工的本质是定价，是出卖自己的劳动力，但不必承担结果。随着雇佣时代的结束，你必须主动思考如何解决问题，并竭力发挥自己的特长，为社会和他人创造价值，否则你将没有存在的价值。创造是什么？创造就是颠覆未来，创造就是多元创新。所以中国将由一个适应性的、满足性的社会变成一个创新型的社会，中国将由一个传统的以生产制造为主的国家升级为科技创新型国家。

19. 未来中国各个城市、各个级别的代理商和经销商都会消失。

未来，中国还将无生意可做。传统社会之所以有生意可做，是因为信息不对称。信息不对称导致社会的供给和需求始终是错位的，这就需要有商人的商业行为为他们建立对接，他们会从中牟利。而互联网搭建起来的商业基础设施以及各种商业平台、商业系统，今后将越来越完善，随时随地都能让客户需求和生产厂家直接对接，所有的中间环节都将消失，赚差价的逻辑将不复存在。所以，未来中国各个城市、各个级别的代理商和经销商都会消失。只有三类企业能够留下，一类是创新型平台，一类是综合性的商业系统，还有一类是具有产品创新的核心竞争力的企业。

20. 中国的社会结构将变得越来越精细，有清晰的需求分析。

在互联网时代，中国的社会结构将变得越来越精细，有清晰的需求分析。以前每一个需求和供给都是由企业完成的，而今后更多的需求和供给将通过个人的链接来实现对接。我们可以做这样一个比喻：如果经济是一场大的血液循环，那今后它的毛细血管将会更加的丰富，将在输送和供给之间找到更好的平衡，需求将会更便利、更精确、更有针对性。

21. 中国人将产生新的精神和新的信仰，比如契约精神。

未来，中国人将找回信仰的逻辑。通过互联网，中国人正在建立一套完善而合理的社会秩序，让每个人都能各尽其才，各取所需。在这个新的商业秩序的基础之上，中国人将产生新的精神和新的信仰，比如契约精神。

22. 中国商业未来十年内的主题将离不开"跨界互联"。

中国商业未来十年内的主题将离不开"跨界互联"。以"互联网+"为基础的不同行业之间的相互渗透、兼并合作会成为社会各行业交流以及交互发展的主题，从而构成了整个商业社会的新的上层建筑。不同的业态之间会相互制衡、相互完善、相互补充，最终达到一种和谐、互补、分享的平衡状态从而形成新的商业生态系统和新的商业生态循环。

23. 普通人的社会价值会得到更大的体现。

中国社会的不断完善离不开一批脚踏实地、有匠心的人，比如工匠、程序员、设计师、编剧、作家、艺术家、调酒师、厨师等。因为互联网已经把社会的框架基础搭建完成，剩下的就是内容和灵魂的填补。所以即便是普通的工作岗位，他们也可以通过互联网将各种信息快速地嫁接到自己的工作上。普通人的社会价值会得到更大的体现，职业地位将逐渐获得提升，也会得到社会更多的尊重与认可。

24. 中国精神文明的红利期正在来临。

中国精神文明的红利期正在来临。物质文明的发展已经进入了一个瓶颈期，因为工业时代已经完成了社会各项硬件的建设，今天几乎所有的人都不缺吃不缺穿不缺喝，但要继续追求物质的丰富却很难，物质的野蛮增长期已经过去。而当互联网把所有的链接搭建完毕后，柔性的内容开始凶猛地增长，精神的内容、精神的产品将不断地涌现，这是一个新的经济增长点。

25. 财富的展现形式将会变成虚拟价值。

中国人的财富的展现形式正在经历变化。在 20 世纪七八十年代，财富的展现形式是粮票。到了 1990 年代，财富的展现形式是存款。到了 2010 年左右，财富的展现形式变成了房产。而在 2018 年之后，财富的展现形式将会变成虚拟价值，比如拥有多少股份等。

未来的财富将逐渐归于虚拟，它们只是一个数字。你拥有多少财富，并不代表你可以随便花这些钱。而是代表你支配这些财富的权利，意味着能调动资源的大小，究其本质，是整个社会越来越共享化、公开化、公共化和数字化。

26. 中国社会未来只有价值创造者、价值整合者和价值传播者。

在中国社会，未来只有三种角色：一是价值提供者，也就是价值的创造者；二是价值的整合者，也就是价值的优化利用和升级者；三是价值的放大者，也就是价值的传播者。未来的商业价值将通过价值整合、价值创造和价值传播和放大而逐渐体现，无论你是创造价值，是传播价值，还是整合价值，都会让你的生命赋予价值，而赋予价值就是赋予财富。

所以，未来你要么成为能创造价值的人，要么成为整合价值的人，要么成为传播价值的人，只有这三种人，才能获得财富分配的机会。

第八章
企业家的自我升级 永无止境

后记
创新型企业家的领袖之道

初级阶段：商人

商人以追求利润为天性，一个能赚钱的商人才是成功的商人。

在不同的时代，有不同的主题，会涌现出不同的企业家群体。而企业家自身，也需要不断升级。那么，企业家是怎么进化而来的？

在今天这个经济高速发展的时代，商业已经是经济体系的重要构成部分了，而从事商业的商人也成为社会中最为活跃的一分子。

何为商业？中国古代自从奴隶社会开始，一直都是以封闭的小农经济为主，人们的生活用品都是自给自足，很少涉及与他人进行物品交换的环节。更早之前，其实就已经涉及以物易物了，人们拿自己所拥有的东西，从别人那里换取自己需要的东西。奴隶社会时期，人们只是简单地各取所需，那时的物品交换只涉及简单的生活必需品，比如食物、生产工具、牲畜等，人们并没有意识到这就是商品交换，这就是经济活动的由来，他们的这些行为，对后世产生了深远影响。虽然物物交换的活动很简单，但那是商品经济的最早雏形。

夏朝时，以物易物的现象逐渐增多；到了商朝，统治者更是鼓励以物易物的商品交易活动，也制定了许多有利于商品经济发展的政策。由于最早进行商业活动的人是商朝人，所以我们后世普遍把经营商业活动的人称为商人，这也是商业、商人、商品经济等一系列与"商"有关的词汇的来源，因为这个时候，才正式出现一些我们现在看来，真正意义上的经济和商品。商灭后，商朝遗民为了维持生计，东奔西跑地做买卖，日子一长，商人就成了一个固定职业和阶层。在学术上，商业是以货币为媒介进行交换从而实现商品流通的经济活动。商业有广义与狭义之分：广义的商业是指所有以营利为目的的事业；狭义的商业是指专门从事商品交换活动的营利性事业。

商人以追求利润为天性，一个能赚钱的商人才是成功的商人。"羊群逐草，商人趋利"，就是对商人最好的写照。商人最基本的责任就是追求利益、创造财富。"利"是商人的基本诉求，就像科举致仕是古代读书人的基本诉求一样。

正如柏拉图在《理想国》所构建一般，在一个社会上，每个人都各司其职，政治家管理国家，军人守卫国家，那么商人自然就是从事生产活动，互通有无，追求利益，为自己、也为社会创造财富。西方经济学的建立，就是基于这样一个假设，即人作为一个"经济人"而存在，他的行为动机对物质利益有着冲动性的追求。这种追求极大地释放了人的潜在能动性和创造性，因而极大地促进和推动了人类文明的进步。由此可见，追求利益并非坏事，这只是商人活动的一个最基本的责任，因此不可以此来推断商人的好与坏。

商人是企业经营者的初级阶段，但如果我们只满足于停留在这个阶段，那我们的企业注定是做不大的。

中级阶段：企业家

> 对企业家来说，他们希望创造的真正价值，是企业的未来和长远发展，是为整个社会谋福利。

当企业经营到一定规模，我们能够站在行业、国家甚至整个经济领域的高度去思考问题，开始成就一番事业、做一家上市公司时，传统的商业经营者已经不是商人，而是进化为企业家。

无论是商人还是企业家，都有一个共同追求，那就是获取利润。如果商人不追求利益，就不会从事商业活动。企业家不追求利益，就是对员工、对股东的不负责任。但在这个基础上，他们又衍生出各自的人生观与价值观，这也是符合马克思主义的"经济基础决定上层建筑"的理论。

不过，将商人与企业家真正区分开来的，是对利益的态度。商人将利润当成结果，一心追逐。而企业家则把利润看成是一个过程，他们肩负着更大的使命，坚守着自己的原则，努力实现自己的理想。对于商人来说，人生最大的价值是为自己谋求利益，而对于企业家来说，他们希望创造的真正价值，是企业的未来和长远发展，是为整个社会谋福利。

小米的雷军就是这样一位企业家。小米的股权激励做得非常成功，从2010年成立到2018年上市，小米利用股权激励这个有力武器，招募了7位合伙人以及超过1万名员工，并激励所有人一起为公司而奋斗。这与雷军个人的人生观是密不可分的。雷军并不缺钱，他想做更有意义的事，在他看来，人因梦想而伟大。

2010年4月6日小米成立之后，雷军就受到来自各方的质疑。雷军想在互联网上卖手机，谷歌嘲笑说："我们自己都干不成，你还搞这样的公司？你肯定没戏！"用户排队抢购小米手机，旁人说是"假的，炒作"；小米宣布卖出多少万台，还是有人说"炒作"。然而，雷军对外界的质疑声置若罔闻，一再强调"小米是圆梦之旅，不管你觉得这个是有病还是没病，反正我就想干这件事情。"

2010年7月，雷军在公开发言中称"用手术刀将自己解剖了一遍"，并分享了自己的人生观："第一条，懂得顺势而为，绝不要做逆潮流而动的事；第二条，颠覆创新，用真正的互联网精神重新思考；第三条，人欲即天理；第四条，广结善缘；第五条，专注，少即是多。"

以破釜沉舟的决心，"老江湖"干出了惊天动地的事业。2017年，小米年收入达到1146亿元人民币，与其他全球收入超过人民币1000亿元且盈利的上市公司相比，按收入增长速度计算，小米在互联网公司中排名第一，在所有公司中排名第二。更令人震惊的是小米估值的激增速度，2011年10月小米第二轮融资9000万美元，估值10亿美元。2012年6月，小米第三轮融资2.16亿美元，估值40亿美元。2013年8月，小米估值达到100亿美元。到2018年小米上市时，市值已经高达600亿美元。

"厚道"是雷军一直以来坚持的做人准则，他曾说："厚道的人运气不会太差。"他是这样说的，也是这样做的。在小米成立之初，雷军就非常重视利益共享，他为员工设定了一个弹性薪酬制度，一共分三个等级：工资+股票、70%工资+股票、生活费+股票。员工可以按照自己的实际情况自由选择。

随着公司发展进入正轨，雷军开始在小米推行股权激励机制。"用户思维"是小米在市场上所向披靡的法宝。在对待员工时,雷军同样坚持"用户思维"。在他看来,股权激励需要分析"用户需求"。合伙人股东的需求、高管员工股东的需求与投资方股东的需求都是不一样的,给对方需要的东西才是最好的激励。根据 2018 年 5 月公布的小米招股说明书,截至 2018 年 3 月 31 日,小米共计拥有 14513 名全职员工,其中,有超过 5500 名员工拿到了股份,也就是说持股员工占总员工的 37.89%,这个比例是非常高的。

2018 年 7 月 9 日,小米登陆港交所,上市梦想得以实现。雷军在公开信里说:"优秀的公司赚的是利润,卓越的公司赢的是人心。"的确,在短短十年间,小米就成为一个营收超千亿人民币、市值 4800 亿港元左右的企业,持股员工被激发起来的企业内生动力是一个至关重要的原因。

企业家除了能在商海立于不败、能引领企业发展壮大,还要不断提高对自己的要求,抛弃实利主义人生观,把自己的人生价值与员工的利益、企业的未来紧密地联系在一起。

还有一些企业家则拥有更高的境界,他们把个人财富用于回报社会。爱国实业家霍英东先生为祖国的文化、教育、体育事业以及家乡建设捐献了大笔金钱,总数逾 40 亿港币。以他的名字命名的"霍英东基金会"以捐献和非牟利投资形式,多年来策划了数以百计的项目,在推动各地教育、医疗卫生、体育、科学与文化艺术、山区扶贫等方面做了巨大的努力。世界首富比尔·盖茨立下遗嘱,将自己个人 98% 的财产捐献给社会。国内亿万富翁余彭年,决定把个人几十亿元的财产捐献给社会,而不是留给子女。这些企业家,把参加慈善和支持公益事业作为人生重要的追求,充分展现自己的人生价值和人格魅力。

马云在一个电视节目中曾经说过,"我们不想做商人,我们只想做一个企业,做一个企业家,因为在我看来,生意人、商人和企业家是有区别的,生意人以钱为本,一切为了赚钱,商人有所为,而有所不为。企业家是影响社会,创造财富,为社会创造价值。赚钱是一个企业家的基本技能,而不是你的所有技能。"这是一位中国企业家宣言式的告白,代表中国企业家的自省与觉悟。

高级阶段：企业家导师

> 当一个企业经营者成为企业家导师的时候，就能跨出自己所在的行业，对所有从事商业的人，以智慧进行启迪，以精神进行引导。

企业家是企业经营者的中级阶段，但卓越的企业家还会继续进化，当他们进入到第三阶段的时候，就会成为企业家导师。

所谓企业家导师，就是企业家之上的企业家，是企业家中的精英，是当之无愧的商业领袖。

企业家导师是时代的产物，当然也引领着时代的发展。比如目前全世界的电脑中有80%使用的是英特尔制造的微处理器。英特尔之所以能在这一领域占据绝对的王者地位，很大程度上与安迪·格鲁夫在20世纪80年代作出的一个重要决策有关——放弃当时利润依然丰厚的存储器业务，全力以赴进入微处理器领域。可以说，正如没有微处理器就没有个人电脑，没有安迪·格鲁夫也就没有今天的英特尔公司。他们不但发展自己，更发展他人，在权力、利益与企业长期发展的使命感面前，更看重后者。而中国的大部分企业家缺少的正是这种境界和使命感。

当一个企业经营者成为企业家导师的时候，就能跨出自己所在的行业，对所有从事商业的人，以智慧进行启迪，以精神进行引导。他们在带领自己的企业走向辉煌、创造巨额财富、赢得事业的成功的同时，还在传播着一种无形的社会责任，传播知识、价值、智慧与文明，推动商业的进步、社会的发展以及国家的强盛。

中国的顶级企业家马云就是这样一位企业家导师。在中国现代企业家中，他的经营水平、商业智慧和国际影响力都是首屈一指的。就连比尔·乔治也曾在自己的著作《发现你真正的指引》中对马云大加赞赏。比尔·乔治是世界上最受尊敬、最成功的 CEO 之一，执掌著名的医疗设备制造商美敦力公司 12 年，期间将这家当时市值为 11 亿美元的医疗技术公司发展为市值飙升至 600 亿美元的诚信企业，现任埃克森美孚石油公司、高盛公司、瑞士诺华公司董事会成员，并在哈佛商学院授课。他在书中这样评价马云："马云是中国第一个真正意义上的全球商业领袖，展现新中国的面貌：一个民营企业家，在中国努力建立一个更加公平的社会。"由此可见马云在世界上的影响力之大。

放眼中国商界，恐怕再没有哪一个企业家能像马云这样，性情如此分明，如此多面，精力充沛、金句频出，既言政商，又袒衷肠；且在虚实之间运筹、盘划，从容掌舵于物联网之潮头。他在公共舆论领域屡造声浪；他在慈善、公益事业方面磊落大方，重树新标杆；他在湖畔大学的三尺讲台上妙语连珠，传递商界智慧；他在国际舞台神采飞扬，名声在外……马云是名副其实的企业家导师。

到这一阶段，企业家经营的已经不是物质和财富，经营的是影响力，是价值观，是文化，是思维方式，是道德与慈善。这一阶段的企业也不再属于某家企业，甚至不属于某一个国家，会对整个世界产生重大和深远的影响。而这种影响，不仅在物质层面，更在精神、思想、文化价值的传播层面，在商业观念与商业文明的形成层面发挥重大而核心的推动作用。

在商人阶段，一个企业经营者的成就大小是以创造的财富多少为判断标准的。在企业家阶段，其成就大小是以成功的高度和江湖地位来衡量的。而在企业家导师阶段，其衡量标准则是智慧价值、精神境界和综合影响力。

我们希望所有的企业经营者，都能从商人升级为企业家，再从企业家升级为企业家导师，最终都能成长为创新型企业家，成长为商业领袖，这是企业家至高无上的荣誉和荣耀。

创新型企业家的领袖之道

国家的强大
民族的振兴
以经济为基础
经济的繁荣
以企业为基础
而企业的强大
则以企业家为根本
所以企业家是推动国家发展
和社会进步的核心力量

这个世界上有一种稀缺动物
叫企业家
他们是财富的化身
他们是成功的标志
他们在任何时代都是稀缺资源

创新型企业家

过去的领袖型企业家
以领导力为宗旨
而未来的创新型企业家
则以创新为核心

企业是企业家的孩子
一个国家有多少世界一流的企业
取决于这个国家
有多少超一流企业家

一流的企业家做一流的企业
二流的企业家做二流的企业
三流的企业家做三流的企业
看你的企业能做到几流
只需要看你是几流的企业经营者
便知结果
企业家不是天生的
也是不可复制的
我们只能复制企业家成功的特质
却不能复制企业家的成功经历

对于企业家而言
企业财富的增加
只是承担了更多的社会责任
对他们而言
巨大的财富
只是数字和游戏

和自己的本质
已没有任何关系

企业家的进化历程
是从一个大学的毕业生
到变成一个优秀的职业经理人
到成功拿到资金
直接创业
到创业成功
成为企业家
到获得巨额的财富和光环
最后反向做慈善
去捐献社会
回报客户
反转价值
完成企业家价值的再次塑造
是经历过这五个进化的过程
从大学生到职业经理人
到创业家
到企业家
最后进化到慈善家
这是企业家的进化历程

企业家的终极走向
是做慈善
巨额的财富
生不带来

创新型企业家

死不带去
企业家会通过慈善和利他
完成自我的价值的重塑
实现人生的终极价值

企业家的特质是什么
一是超越现实的梦想
二是流淌在骨子里的强大自信
三是成就大事的决心和毅力

企业家为事业而生
天生就是干大事的
他们从骨子里
不甘平庸
在他们眼里只有八个字
追求成功
永不止步

商人为钱而活
企业家为事业而生
而领袖为众生而存在

企业家精神境界层次
和信仰的回归
是判断商人和老板
是否完成企业家蜕变的核心标志
企业家的终极追求

不是金钱
而是活着的价值和存在的意义

卓越的企业家
一定会晋级商业领袖
他们领导的不仅是权利
和财富的分配
而是价值观和生活方式
以及做人做事的判断标准

推动一个企业家不断成长的
是使命担当和责任感

蜕变一个企业家
灵魂升华的
是胸怀、格局和大爱精神

成就一个企业家事业财富的
是特质才干
和对未来机遇、风口的把握

企业家成长进化的方向
是创新型企业家
因为只有创新
才是企业发展的不竭动力
只有创新才能给企业带来未来

创新型企业家

未来
不会创新的企业家
和不会创新的企业
将很快消亡
靠模仿生存的企业
将再无立足之地

在知识经济时代
和智慧经济时代
人才将成为
企业经营价值的重心
人才市值时代正在加速来临

人才的竞争
是企业竞争最核心的竞争
也是企业最高层次的竞争
而企业家站在智慧金字塔的塔尖
永远是稀缺动物和稀缺资源
永远是决定企业成败的核心要素
和决胜力量

企业家的使命
不仅在于成就企业的成功与财富
更在于承担社会责任和使命
献身于慈善与教育
所以一个优秀和卓越的企业家
一定是一个优秀的慈善家

或是卓越的演讲者和布道者

企业家经营企业的要旨
在于经营人
而经营人的核心
在于经营一个人的思想和价值观
也就是经营灵魂

仁者爱人
仁爱天下
企业家不是为自己而活
是为企业而活
为他人而活
为社会而活
他们被称为社会工作者

厚德载物
自强不息
卓越的企业家
终将进阶为商业领袖
领袖的志趣不在于赚钱
而在于传承知识
传承智慧
传承文化
传承价值
传承文明
传承精神与信仰

创新型企业家

传承大爱与梦想

天下兴亡
匹夫有责
中华民族的强大和振兴
是我们这一代人
企业人的使命和责任
需要一批又一批的创新型企业家
不断涌现

让我们向各个时代
为中国经济发展
做出卓越贡献的杰出企业家们
致敬
是你们造就了企业的辉煌
是你们推动了经济的发展
是你们担负了民族的振兴
是你们撑起了祖国的未来
我们虔诚地希望
未来的中国
会有更多的创新型企业家涌现
为企业转型升级
为经济发展繁荣
为民族振兴强大
为中国在 2030 年
成为科技创新国家
为我们的祖国梦

后记 创新型企业家的领袖之道

为我们的强国梦
为我们的中国梦
而拼搏而努力而奋斗
互联网创新时代的到来
让中国更多优秀的
创新型企业家涌现
他们将带领中国企业
走向世界
为中国企业证明
为中国人代言